A MILLIONAIRE VISION

DON M. GREEN

ドン・グリーン

近藤隆文・片桐恵理子 訳

望む人生の叶え方

HOW TO CREATE THE LIFE YOU REALLY WANT

ACHIEVEMENT PUBLISHING

献辞

ナポレオン・ヒル財団とナポレオン・ヒル・インスティチュートを支持してくださる世界中のみなさんに捧げる。

目次

2章 目的を見つける

3章 積極的な心構え

4章 読書を習慣にする

5章 粘り強くありつづける

6章 個人的な話

7章 想像力を使う

はしがき　私のビジョンボード

「人の営みのすべてに努力があり、結果がある――その努力の強さが結果の尺度なのです」
――ジェームズ・アレン

私は大恐慌のあいだに成長期を過ごした両親の手で育てられました。住んでいたのは小さな、4部屋の家で水道はなく、屋内トイレもありません。4人兄弟で、全員が同じベッドで寝ていましたが、やがて新しい家に引っ越しました。私が中等学校に入ったころのことです。

若いころは時給1・15ドルの外部集金人として働きながら、ビッグになることを夢見るだけでなく、将来に向けてビッグな目標を立ててもいました。お金を貯めるために、レストランで食事をするのではなく妻に昼食を用意してもらう。ランチの時間に古い車のなかでサンドイッチを食べながら、ソフトドリンクを飲むのが楽しみでした。

消費者金融会社に勤めるまえに、偉大な成功者たちの伝記を読みあさりました。自己啓発の指導者たちのオーディオカセットを熱心に聴いたのも、そのころのことです。何度もくり返し、ナポレオン・ヒルやデニス・ウェイトリー博士、エド・フォアマン、ブライアン・トレーシーほか、数々の人の話に助言や知恵を求めて耳を傾けました。

20歳のころ、成功とは可能なかぎり物質的な財産を集めることだと思い、黒のメルセデス・ベンツやプレジデントブレスレットがついたゴールドのロレックス、そして100万ドルの個人財産のもち主となることを心に描いたものです。

それこそ、ぎりぎりの必需品しかない環境で育ち、当時、成功イコール物質的なものとしか考えていなかった若者の目標でした。成熟して、そうした目標をかなえたあとに、私はお金が人々の生活に格差を生じさせるのだと学び、それからは、同じような幸運に恵まれてはいない人たちを支援することに身を捧げてきたのです。

百万長者という目標を達成する途上で、私はビジョンボードがカギを握る要素なのだと知りました。美しい黒のメルセデス・クーペの広告を写真に撮って毎朝ひげを剃る場所に貼り、そのオーナーになるという目標を思い起こす。ゴールドのロレックスについても同じように、カラーページの広告を切り抜いて毎朝目に入るところに貼りました。

ある雑誌の裏表紙に妻と私はシーダー材の2階建て住宅の写真を使った広告が載っているのを見つけました。おたがいその家が気に入ったので、表紙をはがして貼りつけ、日々、私たちが住むべき家として思い出せるようにしました。

家の写真を貼っただけではありません、その会社に手紙を書きました――雑誌の裏表紙に何やら塗料の広告を載せていた企業に、その家は実在するのか、するとしたら場所はどこなのかを問い合わせたのです。返事が届き、その家は実在していて、場所はヴァージニア州リッチモンド近郊のブランダーミル地域だとわかりました。

一方、そのころ私は新たに設立された銀行に就職していて、頭取から連邦準備銀行で開催されるセミナーに出席するよう勧められました。リッチモンド連邦準備銀行の総裁、ロバート・P・ブラックが講演するものです。

もちろん、私はその出張をうれしく思い、妻を同伴していきました。そしてもちろん、帰りにあの家を訪ねたのです。

思うに物事は理由もなく〝たまたま起こる〟ものではありません。私にすれば偶然などというものはないのです。ひたすら燃えるような願望をいだき、日々心に刻むうち、プランがうまく進みはじめました。リッチモンドにいるあいだに妻がその家の写真を撮り、多少のリサーチをしたのち、私たちは実際に設計図を購入したのです。

ある日、私は雇い主の銀行の創業者であるジム・ブラウンに、木々に囲まれた土地を探していて、そこに家を建てたいという話をしました。すると彼は私に地所を見せて、売ってくれたのですが、きっと相場より安い価格だったはずです。

妻と私は建築業者に依頼しました——その家が私たちの住居であり、1976年から48年たった現在も変わることはありません。

——ドン・M・グリーン

イントロダクション　J・B・ヒル博士

84年前、私の祖父ナポレオン・ヒルは、潜在意識が創造的ビジョンを司《つかさど》っていると書いた。これはいま、現代の神経科学で裏づけられている。しかしながら私は、これについてもう少し深遠な角度からアプローチしていこうと思う。私がこれから書こうとしていることは、裏づけに乏しかったり、経験則に基づくものであったりと、理にかなっているというだけで証明も反証もできないが、私はそれが真実だと信じている。まずは実話から始めよう。

1935年、ジョージア州アトランタでの講演中に、ナポレオン・ヒルは、若く、魅力的な女性に出会った。彼女の名前はロザリー・ビーラント、報道によると「信じられないほど美しく、セクシーな女性」だったという。

彼女は当時の女性としては教養もあり、付き合うまでにはいたらないながら、ふたりはすぐに惹かれ合った。ヒルとロザリーは、一本のコカ・コーラを分け合い、成功について語り合った。ロザリーは数カ月のうちに、ヒルの人生に重要な役割を果たすようになっていくのだが、このときはまだ、ふたりはじゃれ合いながら、成功した人々や、彼らを〝動かしたもの〟について語り合うだけだった。

ロザリーはナポレオンに、想像力に富んだひとりの男の話をした。この話をきっかけに、ナポレオンは創造的ビジョンについて考えはじめ、それがのちに成功の原則のひとつになる。

それは、このときふたりが座っていたところからそう遠くない場所で起きた出来事だった。1886年5月、田舎の年老いた博士が馬車を駆《か》って町までやってきた。博士は馬を手すりにつなぐと、薬屋の裏口から店員の待つ店内へそっと入っていった。

ふたりの男はカウンターの後ろでひそひそと取引について話し合った。やがて博士が店を出ると、昔ながらのやかんと大きな木製のへらをもって店に戻ってきた。

店員はやかんを調べたあと、内ポケットから丸めた紙幣の束を取り出し、博士に手渡した。その額ちょうど500ドル、男のなけなしの蓄えだった。

博士は、頭痛を治すために考案した薬の作り方を書いた紙切れを男に手渡した。店員は以前その薬を試したことがあり、頭痛によく効いたのだ。

実際のところ、その紙切れに書かれた文字は、王様の身代金に値する魔法の言葉だった。ただし、古いやかんを黄金であふれさせるには、もうひとつ、材料が必要だった。

そのやかんの不思議な効能は、博士の秘伝の処方箋《レシピ》と男のアイデアが組み合わさったことから始まった。このアイデアは、やかんの中身を世界中に流通させる人々に、いまなお莫大《ばくだい》な富をもたらしつづけている。

この〈古いやかん〉は、砂糖の栽培、精製、販売に従事する大勢の人に仕事をもたらし、何百万本ものガラス瓶を使用することで、何万人というガラス職人に仕事を提供している。〈古いやかん〉は、国中の事務員、速記者、コピーライター、広告の専門家に職を与え、この製品の絵を巧みに描くアーティストたちに名声と富をもたらしてきた。さらには、南部の小さな都市を、南部ビジネスの中心地、アトランタへと変貌させた。ほかにも数多くのすばらしい実績がある。

ナポレオン・ヒルは『思考は現実化する』で、この〈古いやかん〉についてつぎのように書いている。「あなたが誰であろうと、どこに住んでいようと、どんな仕事をしていようと、この先〝コカ・コーラ〟という言葉を見たら、富と影響力をもつこの巨大な帝国が、たったひとつのアイデアから生まれたことを思い出してほしい」

薬屋の店員、エイサ・キャンドラーが老博士の秘伝のレシピに混ぜた謎の材料は、想像力だったのだ！(1)

店員の男は、単なる紙切れと古いやかんに全財産を賭けた。男は自分の投資によって、やかんから黄金があふれ出すことになるとは夢にも思っていなかった。だが、彼にはアイデアがあった！　古いやかん、木製のへら、秘伝のレシピは単なる付属物で、何より重要なのはアイデアだったのだ。

では、エイサ・キャンドラー(2)がレシピに加えたアイデアとは？　じつはキャンドラーは、この頭痛薬の味が好きだった。そこで彼は、この頭痛薬に炭酸を加えてソフトドリンクとして売り出したのだ。こうして世界は一変した。

統合的想像力

ナポレオン・ヒルは、想像力には2種類あると書いている。統合的想像力と創造的想像力だ。ここでいう〝想像力〟とは、心のビジョンを説明するためにナポレオンが用いた用語である。ナポレオンの定義によると、統合的想像力とは、既知の情報を組み合わせて新しいものを創造することだ。要するに、知識と経験を活かして新しいものを生み出すことである。

たとえば、私にはウェストヴァージニア州の中等学校時代からの友人がいる。彼は裕福な起業家、慈善家、人道主義者で、私が〝ダ・ヴィンチ精神〟と呼ぶものをもっている。学生時代、彼はいつも科学に夢中だったが、数学に対する情熱と才能ももち合わせていた。

数年前、その友人がウェストヴァージニア大学ビジネススクールの殿堂入りを果たした。式典で彼は、自身が立ち上げた2番目の上場企業について簡潔に語った。その会社は、オンラインでの金銭取引を保護するためのコンピューターチップを所有し、販売している。そのコンピューターチップに使用されているアルゴリズムは、彼のもとに来るまえに、さまざまな企業に提示されていた。しかし、このチップの有用性を理解できる数学的知識と、それを活《い》かせるだけの経験をもっていたのは彼だけだった。現在、彼の会社は１０００人以上の従業員を擁する10億ドル規模の企業にまで成長している。

この会社が存在しているのは、知識と経験、心に芽生えたビジョンのおかげである。私はネットで何かを購入するたびに、旧友のもとに小銭がチャリンと落ちるところを想像して笑みがこぼれる。それもこれも彼の心の強さの賜物《たまもの》である。

創造的想像力

ナポレオン・ヒルは、〈統合的想像力〉は、知識と経験から新しいものを生み出すことだと考えた一方で、真の〈創造的想像力〉や創造的ビジョンは、無限の知性とのつながりから生じると考えた。

おそらく創造的ビジョンに関して私の知る最も優れた話は、トマス・A・エジソンと同時代の発明家、エルマー・ゲイツ博士(3)の逸話だろう。ゲイツは研鑽《けんさん》を積んだ科学者で、トマス・A・エジソンよりも多くの発明品を世に送り出していた。

ゲイツは問題を解決するためのアイデアが必要になると、きまって防音室に入り、紙とペンをもって机に向かった。そして照明を落とすと、いいアイデアが浮かぶまで意識を問題に集中させた。

アイデアはすぐに浮かぶこともあれば、時間がかかることもあった。まったく何も思い浮かばないこともあれば、思いもよらない問題解決法を考えつくこともあった。アイデアが浮かぶときは、潜在意識を通じて、想像力というかたちでやってきた。

1937年、ナポレオン・ヒルは新刊のタイトルを決めあぐねていた。ひとまず「富への13ステップ」としてあったが、出版社（ペルトン）は気に入らなかったようで、新しいタイトルを思いつかなければ「脳みそ使って大金つかめ（*Use Your Noodle to Get More Boodle*）」にすると言われていた。もちろん、そんなタイトルで出されたら最悪だし、きっと大失敗に終わっていただろう。

新刊の印刷が迫るなか、ナポレオンはその本にどんなタイトルをつけるべきか大いに頭を悩ませていた。そしてついには、この問題を潜在意識にゆだねて眠ることにした。

午前2時30分、彼は新しいタイトルとともに目を覚まし、新刊『思考は現実化する（*Think and Grow Rich*）』が刷り上がる数時間前に出版社に電話をかけた。ナポレオンは、潜在意識と無限の知性のつながりを示すこの逸話をよく人に語って聞かせていた。ナポレオン・ヒルは、生涯を通じて、人生を変えるようなビジョンをいくつか受け取っていたのである。

ヒルは無限の知性を「直感やインスピレーションを得るため」のメカニズムだと考えていた。創造的ビジョンが知識と経験から生じるというなら理解もできるが、しかし「無限の知性」から生じるとなると、これはいったい何を意味しているのだろう？　彼はこう書いている。「人間の有限な心は、創造的想像力を通じて、無限の知性と直接コミュニケーションを取っている。そうすることで、ある個人が他人の潜在意識と同調し、あるいは交信することが可能となる」

なんと！　いったいこれはどういうことか？　テレパシー？　長年、この概念は私にとって受け入れがたいものだった。彼が何らかの有用な発見をしたことはわかっていたし――実際、私にとっても有用だった。だが、私のなかの批判的思考がこうささやいた。

〝証明せよ！〟

証明せよ！

もちろん〝テレパシー〟と解釈したのは私であり、彼ではないことをご理解いただきたい。彼はテレパシーの話などまったくしていない。説明させてほしい。そもそも、ナポレオン・ヒルの言葉は、彼の生きた20世紀初頭という時代背景を踏まえて考える必要がある。

この時代、科学者たちは宇宙のすべてが〝エーテル〟という物質でつながっていると仮定していた。その根拠は、光が粒子でもあり、波でもあるという二重性をもった性質であることに由来する。当然、波は伝播の媒質がなければ存在しない。

たとえば、水は波のエネルギーを伝える媒質となる。それと同様に、エーテルは光波の媒質であるという仮説が立てられた。つまりエーテルはあらゆるものに浸透し、すべてを結びつけていると考えられたのだ。この説が覆るのは、のちに高名な物理学者アルベルト・アインシュタインが、その存在を証明することも反証することもできないと示したときである。

いずれにしても、ヒルやエラ・ウィルコックスのような〝ニューエイジ〟の思想家たちは、宇宙は5つの要素で構成されていると信じていた。時間、空間、エネルギー、物質、そしてすべてを結びつける第5の要素――おそらくエーテルのようなもので。

無限の知性

ヒルはこの5番目の要素こそ無限の知性であると説明し、それはエーテルのように、すべての原子、すべての分子、すべてのエネルギー形態、そしてあらゆる生物につながっていると考えた。

無限の知性に近づく唯一の方法は、潜在意識を訓練し、使えるようにすることだとヒルは書いている。それによると、潜在意識は、無限の知性とつながるために思考をスピリチュアルなものに変換することができ、創造的想像力が発揮されるのは、脳がそれを受け取ったときだという。

こうした考えを一蹴するまえに考慮してほしいのは、祈りがはっきりと神経ネットワークを発達させることが神経科学によって証明されている点だ。瞑想もまた、心に同様の影響を及ぼす。さらに、世俗的な、つまり宗教とは無関係な病因論《エティオロジー》（4）を踏まえた認知療法でも類似の結果が得られている。

神経科学者は、意識が反復的な思考に集中しているさなかには、いつでもこうした状態になりうることを明らかにしている。では、脳のこうした変化は、スピリチュアルなつながりを促進するのだろうか？　無限の知性とのつながりを？　情報やインスピレーションを引き出す集合的精神とのつながりを？　促進すると考えたナポレオン・ヒルは、著書『思考は現実化する』でそう書いている。

ユダヤ教、キリスト教、イスラム教では一様に、神によって無から宇宙がつくられたと信じられている。またヒンドゥー教では、身体は人間の魂の顕現だと考えられている。

この4つの宗教に共通する要素は、物質自体は二次的にすぎず、スピリチュアルなものに、つまり意識のあるものに依存しているという点だ。

神は普遍的意識なのか？

ゲイリー・ラックマンは、著書*A Secret History of Consciousness*（『意識の秘史』）で科学の常識をひっくり返し、意識とは、科学が提言するように原子や中性子などから進化したものではなく、むしろ物質そのものが意識によって具現化したものであると主張している。

もしそれが本当なら、神は普遍的意識であることが示唆されるのではないだろうか。〝ビッグバン〟理論とも矛盾せず、イスラム教、ヒンドゥー教、キリスト教、ユダヤ教、その他の宗教とも合致するラックマンのこの着想は、すべての物質と普遍的意識とのつながりを示唆している。

先ほど述べたとおり、ヒルは宇宙には5つの要素があると書いている。空間、時間、物質、エネルギー、そしてそのすべてを結びつける普遍的知性だ。彼は潜在意識を刺激し、無限の知性を活用できるようにすれば、真の創造的ビジョンが得られると考えた。

ナポレオン・ヒルの理論は間違いなくラックマンのそれと一致しており、私もようやくその理論に同意するにいたった。要するに、宗教心の有無にかかわらず、私たちは意識的思考を駆使して潜在意識の思考基盤に変化をもたらし、強い力を生み出したり、活用したりできるということだ。

その力の根源論《エティオロジー》については、読者諸氏の考えに、そして神学者の議論に任せようと思う。

――J・B・ヒル

注記

1. Napoleon Hill, *Think and Grow Rich* (Shippensburg, PA: Sound Wisdom, 2016) Chapter 6.（ナポレオン・ヒル『思考は現実化する』田中孝顕訳、きこ書房、1999年、第6章）

2. コカ・コーラは1886年5月にジョージア州アトランタの薬剤師、ジョン・ペンバートン博士によって生み出された。当初は頭痛薬として販売されていた。ペンバートンは裏庭で真鍮《しんちゅう》製の三本脚のやかんに材料を入れて調合した。1887年、アトランタの薬剤師兼実業家のエイサ・キャンドラーが、発明者のペンバートンから500ドルでコカ・コーラの製造方法を購入した。

3. Napoleon Hill, *Success Through a Positive Mental Attitude* (Shippensburg, PA: Sound Wisdom, 2017), 114.（ナポレオン・ヒル『心構えが奇跡を生む』、田中孝顕訳、きこ書房、2002年）

4. 〝エティオロジー（etiology)〟とは、メリアム＝ウェブスター辞典の定義によると「原因、起源。原因にかかわる学問の一分野」である。

1章

ビジョンと
ビジュアライゼーション

あまり深遠にならないように、〝ビジョン（vision）〟と〝ビジュアライゼーション（visualization）〟について、この言葉の意味するところや、このふたつを使って百万長者《ミリオネア》のビジョンを実現する方法をじっくり見ていこう。

応用心理学協会の創設者、ウォレン・ヒルトンはビジョンに関するつぎの原則を1914年に初めて発表した――これは現在も変わらず有効である。

1. まず自分が最も望むものを理知的に心に組み立てること。
2. その欲しいものの心像《イメージ》を描くこと。
3. 視覚化《ビジュアライゼーション》を実践すること（望みどおりの自分を思い描くこと）。
4. こうした方法により、心のエネルギーがそのひとつの望みに集中される。
5. こうした方法により、外面的な活動は望むものを生み出すことに集中される。
6. こうした方法を用いることで、自分への信頼や信用が養われ、最も望む結果を期待できるようになる。

以上の原則は物理学や幾何学の法則と同じく確実なものだ。

創造的ビジョン

創造的《クリエイティブ》ビジョンがあれば、将来を見据え、過去に照らして判断し、想像力を使って新しい優れたプランを構築し、希望を実現して目標を達成することができる。

そして、おそらくここで初めて、人はこの〝第六感〟に気づき、知識のために活用しはじめるのだろう。その知識は人間の経験や蓄積された知識という体系的な拠《よ》りどころからは得られないものだ。

ただし、この利点を確実に実用化するには、個人の自発性《パーソナル・イニシアティブ》という原則を採用し、精密な思考と自己鍛練を使わなくてはならない。

ビジョンとは、自分はすでに成功していると信じることだ

ある青年が成功している銀行家に、成功したい者に対してどんな助言ができるでしょう

かと尋ねた。銀行家はこう答えた。「すでに成功しているふりをするといい」

シェイクスピアいわく、「徳がないなら、あるふりをしなさい」

一　視点

7歳のウォレンが家に駆け込んできて、母親が開いたブリッジの会を邪魔するように叫んだ。「表の庭におっきなライオンがいるよ！」

ちらりと母親が目をやると、それは隣家の猫だった。母親は恥ずかしくなり、息子をしつけなくてはと思い、こう言った。「ウォレン、おうちでうそをついてはいけないでしょ。お部屋に行ってなさい」

そして会員の女性たちの視線を意識しながら言い足した。「もしかしたら神様にそのお話をしたらいいかもしれない」

少年は部屋に行ったが、留守にしたのはほんの数分だった。

「まあ」と女性のひとりが反応した。「早かったのね、神様はなんて言ってた？」

「あのね」と笑顔の少年は言った。「神さまはね、〝心配ないよ、ウォレン。わたしも初めて見たときは、ライオンだと思ったぞ！〟って」

この話が示しているのは人生に関するひとつの真理――人によって物の見方は異なるということだ。私は個人の成果の度合いやＱＯＬ（生活の質）は物事をどう見るかで決定されるのだと気づいた。

行きたい場所が決まり、迷子になりかねない脇道を回避したとして、ではどうしたら目標をなるべく完全に実現できるのか？　自身のビジョンに焦点を合わせるのがきわめて重要だ。

焦点の合ったビジョンがカギを握る

卓越した成果を挙げるには、物事の現状だけではなく、その可能性の見極め方を学ばなくてはならない。問題があったら、それを障害ではなく、機会とみなすことだ。

たとえば、作家ナサニエル・ホーソーンの妻も同じ発想《アイデア》を口にしていた。ホーソーンが税関検査官の職を失い、打ちひしがれて帰宅したときのことだ。妻に自分は落伍者《らくごしゃ》だと言った。「何言ってるの」と妻は言った。「これで本を書けるわけでしょう」。ホーソーンはそのとおりのことをやった。妻に励まされて書き上げたのがあの古典的な名作、『緋文字』である。

このときホーソーンはいかにして失意を克服したのか？　人生における問題を障害ではなく、前進する機会とみなしたのだ。

あなたは問題をどう見ているだろう――障害として、それとも機会だろうか？　勝利か敗北か？　カギとなるのはあなたの心構え《アティテュード》だ。自分の心構えを、世界を見渡す窓と考えてみよう。よい心構えなら、あなたの仕事、人との関係、心と身体の健康などがはっきり見える。

世間の人たちはたいがい人生に敗北を見たり予見したりする。すると手に入るのはまさにそれ――機会ではなく、障害だ。おぼえておきたい、通常、私たちが得るのは欲しいものではなく、必要なものでもなく、予期したものなのだ。運命に身をまかせることには、あきらめが認められる。

私たちはみずからの置かれた状況を、かつての陸軍軍曹のように見なくてはならない。

軍曹は戦闘のさなかに部隊を集合させ、こう言った。「いいか諸君、われわれは完全に敵に包囲されている。さあ、ひとりたりとも逃さぬように！」

問題に焦点を絞っても、障害に足止めされ、敗北に終わることはある。解決策に焦点を絞り、機会に意欲をかき立てられ、問題解決者となることもある。その差をもたらすのは人生の見方だ。おぼえておこう、あなたの心構えが、問題を見るか機会を見るかを決めるのだ。

小学2年生のデイヴィッドは、バスに乗るときに顔をぶつけ、ほっぺたを5センチ切った。休み時間には、ほかの男子と衝突して歯が2本、ぐらぐらになった。昼休みに氷の上をすべって転び、手首を骨折した。

その日、帰宅したとき、手を握っているデイヴィッドに父親が尋ねた。「どうした？」デイヴィッドは答えた。「25セント玉だよ。転んだとき地面に見つけたんだ。初めて見つけた25セント玉だよ。ねえ、ぼくのラッキーデイだよね！」

問題があってケガまでしたのに、この少年は卓越性へのカギを見つけた――人生の重荷よりも祝福にフォーカスする能力である。デイヴィッドは楽観主義者だった。そのすばらしい心構えが人生で大いに役立つことになる。

楽観主義はあらゆる災難に機会を見る

楽天家に批判が向けられることも少なくない。楽天家はときに世間知らず、理想主義的、現実ばなれしている、と決めつけられる。そういうレッテルは間違いだ。楽観主義は人生の問題に目をつぶるのではない。楽観主義は問題がすべてを物語るとは信じないというだけだ。楽観主義はあらゆる災難に機会を見る。悲観主義はあらゆる機会に災難を見る。

どちらのほうが有益だろう？　一日のはじめに口にすべき言葉は、「どうせひどい一日になる」か、それとも「きっとすばらしい一日になる！」か。

おぼえておきたいポイントは以下である。

- 人によって状況の見方はさまざまである。
- 優れた成果を挙げるために不可欠なステップは、適切なビジョンを養うことだ。
- 人生観から、あなたが何をするか、ひいてはどうなるかが決まる。

・どんな状況も、障害になるか機会になるかは、物の見方次第である。
・あなたのビジョンは人生に対する心構えで決まる。
・楽観主義こそ人生に対する最も現実的なアプローチ——問題を乗り越えて解決へ向かう意欲をかき立てるものだ。
・自分の心構えは、人格の点検作業《パーソナル・インベントリー》をしたり、成果のリストをつくったり、ポジティブな人たちとすごしたり、自分にポジティブな言葉をかけたりして調整することができる。
・あなたの心構えを決めるのは外の状況ではなく、内なる選択である。
・優れた成果は人生のあるべき姿の見極め方を学ぶ者に訪れる。

ビジュアライゼーション

イメージングとは、人間の本質にある、いずれは想像するとおりの自分になろうとする深い傾向をもとに心の像を形成することだ。

ノーマン・ヴィンセント・ピール博士が書いたきわめて重要な原稿があった。題して

『積極的考え方の力』である。その原稿を何度も突き返され、うんざりした博士はくずかごに投げ捨てた。さいわい、妻が回収して送りなおすと、この本は出版され、何百万部も売れたのである。

ピール博士はさらに、*Positive Imaging*（『ポジティブ・イメージング』）も著している。イメージングという考え方は古くからある。近年には、科学者や医療の専門家たちから、これもまた心と身体が不可分なひとつのユニットである証拠として認められてきた。

イメージングとは、心像つまりイメージを形成することであり、人間の本質には、最終的に想像あるいはイメージするとおりの自分になろうとする深い傾向があるとの原則に基づいている。

ある目的や目標の長きにわたるビジュアライゼーションはきわめて強力だ。イメージングはポジティブ・シンキングをさらに一歩進めたものとなる。ビジュアライゼーションでは、ただ待ち望まれた目標について考えるだけでなく、熱烈にその目標を見る、つまり視覚化するのだ。

ビジュアライゼーションとは心のエネルギーであり、そこでは望まれるゴールや結果が意識によって鮮明に描かれるため、無意識がそれを受け入れて活性化される。これで強い内面の力が解き放たれ、ビジュアライゼーションを使って人生に驚くべき変化をもたらすことができる。

ビジュアライゼーションの重要性がわかるように、実例を挙げてみよう。

何年もまえのオハイオ州シンシナティでのこと、寒い冬のにぎやかな通りで、12歳の少年が有名な地元紙『シンシナティ・エンクワイアラー』の本社ビルの前で立ち止まった。みすぼらしい身なりをした少年は、屋内で記者たちが働く様子を見つめた。ある男が目にとまった。大きなデスクにつき、葉巻をくわえていた。その仕事ぶりから、指揮を執る立場にあるのがわかる——男は編集長だった。

頭のなかである光景が形成され、少年は気づく。そこに視覚化されているものがいずれ実現するのだ。間違いない。編集長の椅子に座っているのは30年後の少年自身なのだ。少年はそのイメージを頭に焼きつけたまま家に帰った。

ロジャー・ファーガーは貧しい若者で、これといったコネも取り柄もなかったが、強力なイメージだけはあり、それがあらゆる確率の法則を曲げ、もっと強い、隠れた法則と一致する。夜ごと編集長の椅子に座る自身を強くイメージしたために、ファーガーは編集長にとどまらず、『シンシナティ・エンクワイアラー』の発行人兼オーナーにまでなった。

優れたビジュアライゼーションの例となるふたつめの話も、オハイオ州で起きたことだった。ある貧しい郡で、少女が金属製の洗い桶の上にかがみ込んでいる。彼女は8人きょうだいのひとり、炭鉱労働者の娘だった。

少女が働いていると、イメージがわき起こる——はっきり浮かぶのはある大学のキャンパスで、緑の芝生やツタに覆われた建物があり、卒業式が進行中だ。帽子とガウンを身に着けた自分が卒業証書を受け取るのが見える。舞い上がるような幸せ、達成感、誇らしさを覚える。

だが、これはどういうビジュアライゼーションだろう？　これまで少女の家系に大学に進んだ者はいない。

メアリ・クロウは教区の司祭のもとを訪ねるように言われた。どうして呼び出されたのか、怪訝《けげん》なメアリに司祭が語るには、ある教会員が援助に値する若者の育英資金を教区に遺していったのだが、司祭はメアリこそ、その資格がある若者だと知っていた。この資金をもとに、メアリは4年間の奨学金を得てセントメアリ・オブ・ザ・スプリングズ大学に進めることになった。

キャンパスに着いてみると、そこはまさにメアリがビジョンに描いたとおりだった。イメージングのプロセスの効果である。

実際、失敗をイメージしてばかりいたら、人生はその絵を事実として発展させようと最大限に努力する。だが、成功をイメージした場合、人生はそのイメージを同じく事実として展開させる傾向が強い。

ビジュアライゼーションのプロセスは、効果があるといっても、単純に心のトリックで望んだ結果をもたらす魔法の公式ではない。それは驚くべき方法で問題解決や目標達成への扉を開く。いったん扉が開かれたら、あとは問題を解決して夢を現実にするために、規律や決意、忍耐、粘り強さが欠かせない。

人の価値は多くの場合、何を知っているか、どれだけ見通し、心に描き、実現できるかで決まる。聖書に出てくる"Where there is no vision, the people perish（見える《ビジョン》ものがなければ民は堕落する)"という一節（「箴言《しんげん》」29章18節）は、よい視力のことを言っているのではない。人は「心の目」――心像――を通して見ることができる。だがビジュアライゼーション（想像）――これから先の状況や事情を思い描く能力――と心の目があるなら、私たちの価値や可能性に限界はない。

機関車、蒸気船、自動車などといった発明はすべて、人間の想像のなかにそのまま存在したあとに、現実となっている。成功者たちは成功が訪れるまえに、それを心の目に浮かべていた。

時のはじまり以来、心に思い描かれないまま物質という形を帯びたものはない。

彫刻家と石工の違いはひとつだけ、彼らの仕事を後押しする心のイメージだ。

フランスの彫刻家オーギュスト・ロダンは石工を雇って大理石をこれからつくる人物像のおおよその形に切り出してもらった。切り出しは単なる機械的な労働だった。あとはロダンが引き受け、荒削りな石塊から生まれたのが見事な彫像、「考える人」である。違いは木槌《きづち》と彫刻刀を使う手を後押しした想像力にあった。ロダンの作品はとてつもない額で取引きされたが、その作品を模造した数千人は並の報酬しか得られなかった。

想像

聖書には、"Let us make man in our image, after our likeness.(われわれのかたちに、われわれに似せて人を造ろう)"〔「創世記」1章26節〕とある。かたち《イメージ》を思い浮かべることができる唯一の場所は想像だ。したがって、人間という、神による最高位の創造物は、神の想像の創造物だったわけである。

想像はあなたの望むものを思い描く。ビジョンはそれを理想化する――〝あるもの〟を超えて、〝ありうるもの〟の構想に達するのだ。想像は絵をもたらす。ビジョンは絵を描く衝動をもたらす。ビジョンは絵を自分独自のものにする衝動をもたらす。心のイメージを明確にしよう。すみずみまで鮮明に描けば、心の精霊がすばやくそれを現実に生じさせてくれるだろう。

物事をあるがままではなく、あなたが望む姿で見る

あなたが正当に望んだのなら、ビジュアライゼーションを通じて生み出せないものはない。ビジュアライゼーションが成功するカギはこの点――物事をあるがままではなく、あなたが望む姿で見ることだ。ひとつのアイデアに、それが達成されるまで集中しよう。能力の限界は自分で設けたものだけだということを忘れてはならない。心のアイデアは海辺

の砂のように無数にある。

自分が求めるものをはっきり、明確に描こう。それを念頭に置く。それを思い描き、目に浮かべ、信じることだ！　達成する方法と手段はあとからついてくる。おぼえておこう、思い描くのは欲しいものであって、欲しくないものではない。英国の小説家、ウィリアム・サッカリーが書いたとおり、「世界は鏡であり、すべての人に自身の考えを映して返す」

創造的ビジョンあるいは想像に関する講演でヒル博士は、創造的ビジョンを養い、活用する人々が、今日われわれの知る文明の恩恵を担っているのだと述べた。創造的ビジョン、または想像は、ナポレオン・ヒルによる成功哲学のカギとなる17の法則の14番目に挙げられているが、重要性はきわめて高い。

現在、創造的ビジョンの応用例はいたるところにある。たとえば、映画『2001年宇宙の旅』の冒頭近く、類人猿らしき生物が骨を宙に放ると、それは空へ舞い上がり、映画は1万年先へ飛んで、骨の映像は地球のはるか上空に昇る宇宙船に変化する。この例の場合、創造的ビジョンにはつぎの効果があった。

・映写機などでそのシーンを映画のスクリーンやテレビ画面に映し出せるようにした。
・俳優の衣装の手配や、宇宙船の模型の組み立て、セットの設計、マイクの設定などに役立った。
・作家アーサー・C・クラークが原作となる小説を書けるようにした。

ナポレオン・ヒルは創造的ビジョンを用いて私たちに成功原則をもたらし、その原則は世界中で数百万の人々に研究されてきた。ヒル博士が講演で語ったところでは、想像力とは脳の目的や魂の理想を組み立てる作業場である。

まえに述べたとおり、想像力には2種類ある。統合的想像力と創造的想像力だ。〈統合的想像力〉は、すでに認識されているアイデアや構想、プラン、事実を新たな方法で組み合わせたり、新しい用途に使ったりするものだ。統合的想像力の優れた例に、エジソンの電球の発明がある。エジソンは、電気で熱した針金が光を発するという既知の事実から始めた。問題は、その針金が数分で燃え尽きることだった。エジソンは成功する方法を見つけるまでに1万回以上失敗したことで知られている。統合的想像力では、ひとつを除くすべての法則は既存のものだ。そうした法則を、誰かが過去になかった実用化可能な方法で再構築する。ヘンリー・フォードの自動車もその一例だ。フォードは脱穀機が蒸気機関で駆動されるのを見て、馬を使うかわりに、このアイデアを使って四輪車を前進させた。

〈創造的な想像力〉は、潜在意識にその基盤がある――潜在意識とは新しいアイデアや新たに獲得した事実を認識するための媒体だ。たとえば、F・W・ウールワースは不発に終わった商品に10セントの値をつけ、そのアイデアを新しい店舗に応用した。それがファイブ&ダイム〔5セント／10セント均一店〕である。

ヒル博士は、創造的な想像力は強い感情で裏打ちされるべきだと言っていた。感情のこもっていないアイデアは結果を生みにくい。成果を期待するなら、熱意と信念が必要だ。

創造的想像力の例をもうひとつ挙げよう。ラジウムはマリ・キュリーによって発見されたが、彼女が知っていたのは、理論上、ラジウムが宇宙に存在するはずだということだけだった。過去にラジウムを見た者も、精製した者もいなかったのだ。

ライト兄弟は、空気より重い航空機のデモンストレーション飛行について発表すると、懐疑的な目を向けられた。世間の人々はこの事業を支持せず、報道機関は過去100年で有数の重要な出来事を取り上げようともしなかったが、ヒル博士が言ったように、創造的ビジョンの応用に限界はない。無限の知性に心を同調できる人は、答えが存在するあらゆるものに対して答えを思いつく。

トマス・エジソンの創造的ビジョンは蓄音機を生み出した。彼のほかの発明はすべて、既存のものを新しい方法で応用した結果だ。エジソンは一枚の紙に、録音と再生ができる最初の蓄音機あるいはトーキングマシンを描いた。そのモデルを試すと、まさに1回目から機能したのである。

フォード、エジソン、ライト兄弟は世界を変えた。数百万人に仕事を与え、生活水準を向上させ、移動時間を短縮した。創造的ビジョンは自動車や飛行機、ラジオ、テレビをもたらした。創造的ビジョンのおかげで米国は世界史上、最も偉大な国家になったのだと、ヒル博士は述べている。

この最も偉大な国家という地位は、以下の6つの原則を応用することで達成された。ヒル博士が研究した成功者たちでさえ、成功へといたる方法の各ステップをきちんと書き出すことはできなかった。ヒル博士の推測によれば、こうした成功者たちは成功の原則を偶然見つけている。

1. 目的の明確さ
2. より一層の努力
3. 調和した心の同盟《マスターマインド》
4. クリエイティブ・ビジョン
5. 実践型信念
6. 個人の自発性《パーソナル・イニシアティブ》

この6つの原則は、独立宣言の56人の署名者が用いたものだと、ヒルは信じていた――その応用については、この男たちの行為までさかのぼることができるわけだ。

セルフイメージング

自分を成功したイメージに結びつけることが重要であり、それは自己不信や挫折、消極的《ネガティブ》な心構えといった、人格に影響を与える習慣を断ち切るのに役立つ。

本当に望む人生を切り開くもうひとつの、同じく重要な成功術は、正しい決断へと導いてくれるイメージと自分を同一視することだ。スローガンでも、写真でも、あなたにとって何かしら意味のあるシンボルでもいい。ナポレオン・ヒル財団のジャック・アーリー博士は、博士号をめざして勉強していたときに卒業ガウンを購入したと言っていた。見るたび目標に向かって邁進《まいしん》するよう鼓舞されたそうだ。

科学によれば、見るというプロセスの大半は目ではおこなわれない。見ることの精神的なプロセスについて、心理学者のサミュエル・レンショー博士が説明しているが、目は手のような役割を果たし、伸びて物をつかみ、脳に運びこむ。すると脳がそれを記憶に受け渡す。脳が比較作用によって解釈するまで、私たちは本当に何かを「見る」ことはできない。一部の人は、まわりにあるパワーや栄光をほとんど「見ること」のないまま人生をおくっている。目がもたらす情報を脳の精神的プロセスで適切なフィルターにかけていない。

その結果、私たちはしばしば〝物事〟を見るとはなしに眺める。物理的な印象を受け取るばかりで、その意味を把握することはない。言い換えれば、脳に送られた印象に対して積極的な心構え《ポジティブ・メンタル・アティテュード》（ＰＭＡ）を発揮していない。

未来を見通せることは、人間の脳のきわめてすばらしい成果だ。私たちには見たいものを見る傾向がある。私たちが自分自身にいだくイメージは重要きわまりない。ジョン・ミルトンが叙事詩『失楽園』に書いたとおり、「心は独自の場所であり、それ自体が地獄から天国を、天国から地獄をつくり出す」

自分が価値ある人間だとイメージし、称賛と尊敬に値する人間であるかのように行動しよう――するとしだいにそのとおりの人物になる。イメージできれば、結局、そのとおりになっていく。できないと自分に言い聞かせるのはやめることだ。成功したい分野で成功している自分をイメージする。やりたいことをやっている自分を思い描く。そしてこの〝映像〟を何度も何度も心に映し出す。これがイメージングだ。きっと効果を発揮する！

目標を設定する

ピール博士のポジティブ・イメージングに関する著書には、イメージングがいかに成功に欠かせないかが書かれている。その最初のステップは目標設定だ。

どんな活動でも、最初にしなくてはならないのは目標を選ぶことだ。目標を明確に思い描き、達成する具体的な期日を決める。ゴールをイメージするのは、自分自身への約束手形のようなものだ。

価値ある目標を設定することは、成功への道に踏み出す次のステップであり、それができたら、その目標を達成できると信じることだ。自分が設定した目標で成功するという揺るぎないイメージが心になければならない。そのイメージが鮮明であればあるほど、目標は達成しやすくなる。

偉大なアスリートたちはもとよりこのことを知っている。走り高跳びの選手も、ゴルファーも、フットボールのプレースキッカーも、それぞれ自分が望む展開を心に描いている。

イメージングは私たちの身体の健康についても重要な役割を果たしている。心身医学の権威、アーノルド・フーチュネッカー博士は言っていた。「普通の風邪からがんにいたるまで、いかなる種類の病気にも感情的ストレスが関与しているとの認識に、われわれは達しつつある」

感情的ストレスとは、ずばりネガティブなイメージングのことだ。自分は健康な人間だという心的イメージを強くもつことで、病気にかかりにくくなる。

アメリカの思想家、ラルフ・ウォルド・エマソンが「魂はおのれに降りかかる出来事を内包している」と言ったのは、強くイメージすれば、その何かが起こる手助けになるという意味だ。イメージングは未来の出来事に影響を与える。だが、そのイメージングをすると決めるのはあなた自身だ。

何より重要なイメージは、自分自身をどう見るかである。聖書にいわく、「人はその心に思うとおりの者となる（As a man thinketh in his heart, so is he）」（「箴言《しんげん》」23章7節）。言い換えれば、あなたは自分で見ているとおりの者となる。

ジェームズ・アレンの有名な著書が、*As a Man Thinketh*（『人は思うとおりの者』）だった〔邦訳のタイトルは『「原因」と「結果」の法則』〕。もしあなたが自分は成功する運命にある人間だと固くイメージしているなら、成功が最終的にあなたの手にするものとなる。失敗すると思い込めば、どこに向かおうと失敗がつきまとう。貧しさのことばかり考えていたら、貧しさがあなたを見つけるだろう。

宇宙は大きな反響室《エコーチェンバー》のようなものだ。遅かれ早かれ、あなたが発したものは返ってくる。自分は劣っているという心象をいだいていたら、無益なやり方で行動し、劣った結果をもたらすことになる。

ピール博士がある著書で香港を訪れたときのことを述べている。歩いていて偶然タトゥーの店を見つけ、好奇心からウィンドウをのぞくと、皮膚に彫るサンプルが陳列されていた。ピール博士の注意を引いたのは、"Born to lose"（負けるために生まれた）と書かれたタトゥーだった。

ピール博士はその店に入ると、店主が片言の英語を話すとわかり、"Born to lose"の入れ墨を頼んだ人はいるかと尋ねた。店主は「いる」と答えた。直前の客が胸にそれを彫ったのである。「いったいなぜ、こんな陰気なスローガンを入れたがるのだろう？」とピールは問うた。中国人の老店主が肩をすくめて言うには、「胸に墨を入れるまえに、心に墨が入っている」

自分は失敗者ではなく、成功者だとイメージする

著名な心理学者にして形成外科医のマクスウェル・マルツは、〝サイコサイバネティック（psycho-cybernetic）〟という言葉をつくった。〝心の舵を取る〟という意味だ。彼の患者は、火傷《やけど》や事故などで深刻な問題を抱えた人々だったため、だいたいの場合、大いに満

足してくれた。だが残念ながら、手術後に気分が上向かない患者も多く、その原因は患者が自分自身にいだくイメージにあることをマルツ博士は発見した。

マルツ博士は、適切な自己イメージとは、外的にも内的にも変化する世界の状況に自身を適応させるものだと言っていた。自己イメージは良くも悪くも5分で変えられるし、一生かかることもある。彼は私たちの想像力を畑にたとえた——放置された畑は、たとえ実がなったとしても、すばらしい作物は生み出さない。放置された想像力は、すばらしいアイデアもすばらしい成功も生み出さない。マルツ博士はさらに、私たちの心は本物の体験と鮮明に想像された体験を区別できないとも断言している。

自己イメージによって私たちは人生の過去の傷跡を取り除くことができる——ネガティブなものすべてをだ。心の芝居小屋に入れば、望むものを自由に上演できる。自身を英雄や悪漢として当て書きし、筋書きは成功か失敗のどちらにすることもできる。願わくは、あなたが望むものを得られるイメージに取り組むことを。あなたは自分の人生の脚本家であり、演出家であり、役者であることを忘れないように。

目標と自己イメージ

あなたが書く脚本に目標は含まれているだろうか？　なぜ目標を設定するのか？　自分の望みがわからないとしたら、勝つことなどできるだろうか？

自分の能力と目標をもとにイメージをつくろう。心の絵の世界をつくれば、その心の絵が現実の世界に反映される。

自己イメージとは、あなたが自分についていだく意見にほかならない。あなたが人生で向かっている場所を示すロードマップだ。自己イメージは、あなたが見る自分の姿を描き出す。

自己イメージが重要なのは、過去の成功や失敗、屈辱や勝利の産物であるからだ。こうした体験から、あなたは自画像を描く。ここで何より重要なのは、それが真実の姿だと信じることだ。健全な自己イメージとは、基本として自信や可能性、充実を感じさせるものでなければならない。

あなたが美しいと感じているなら、世間は平均的な容姿の人と見ても、あなたは美しく振る舞うだろう。同じように、醜いと感じるなら、あなたの行動はひとかたならず醜くなる。自分についてどう感じるかは、あなたの思考や行動を高めるか、あなたの存在全体をネガティブに染めるかのどちらかだ。他人にどう見られるかが、あなたをあなたたらしめるのではない——あなたが自分自身をどう見るかが肝心なのだ。確実に自身を百万長者《ミリオネア》のビジョンのある人間だとみなしたい——つまり、望むとおりの人生を築いている人間である。

マルツ博士に話を戻すと、彼は「心の劇場」なる言いまわしもつくっている。心のなかにある、自己イメージ、ひいては人生を高めるための場所のことだ。言い換えれば、そこでは個人的な心の像を創出できる。あなたはすべての役を演じることができるし、筋書きを変えてもいい。劇場も脚本も出演者もすべて、あなたの指揮下にある。あなたは悪を退治し、ポジティブで、善良で、生産力のあるものを人生のあらゆる場面に君臨させることができるのだ。

ビジュアライゼーションはセルフヘルプによる成長のために広く使われている。これは白昼夢ではない。適切に用いれば、自己改革の強力なツールになる。脳は過去と現在に基づいて作用し、ビジュアライゼーションを使って未来を見通すことが可能だ。この活動を私たちは完全にコントロールできる。

あなたは未来の自分を思うままに想像できる。成功するか失敗するかは、すべてあなた次第だ。

人はこのコントロールの行使を渋ることがあまりにも多い。想像力を使うとしても、過去の失敗を思い浮かべて自分の可能性をつぶすばかりだ――過去、現在、未来の成功や業績にフォーカスを当てはしない。

想像力をコントロールするには、鮮明に描かれた場合、脳は現実の体験と想像上の体験の判別に苦労するとおぼえておけばいい。ビジュアライゼーションの精神的訓練《メンタルプラクティス》は、その訓練がポジティブなものであれば、並はずれたパフォーマンスの発揮に役立つ。行動は想像力の産物だ。習慣とは、想像、成功、幸福を継続的に積み重ねた結果である。

失敗や不幸もまた、想像力の日常的な産物だ。刺激的な人生になるか惨めな人生になるかは、想像力にかかっている。あなた次第だ。ビジュアライゼーションによって、あなたは思うとおりの者となる。

自己イメージを向上させる

なぜビジュアライゼーションに効果があるのか？　潜在意識は現実の出来事と鮮明に想像された出来事を区別できないからだ。自意識はあなたのために働くことができる。成功のイメージを与えれば、目標に向かって前進する助けとなるだろう。ネガティブなイメージを与えれば、失敗のメカニズムとして作用する。自己イメージを向上させるには、明確に定義された目標が必要だ。

想像力を働かせて、成功の絵を心に映し出そう。ネガティブな絵を見てポジティブに考えることはできないし、ポジティブな絵を見てネガティブに考えることもできない。ポジティブさ、目標、ミリオネアビジョンに専心しつづけよう。

フローレンス・チャドウィックは、遠泳での英仏海峡横断に初めて挑戦したとき、岸のわずか数百ヤード（数百メートル）手前で後続のボートに乗せてもらうよう頼む結果となった。のちに彼女は記者団に、霧の奥に岸が見えていたら、たどり着けたと思うと語っている。英仏海峡横断への最後の挑戦では、チャドウィックはイングランドの沿岸を鮮明に心に描き、前方にある現実の海岸線に向かう推進力を得ようとした。これが奏功する。まえと同じように冷たい荒波や霧に直面したにもかかわらずだ。フローレンス・チャドウィックの海岸のビジョンは、現実の海岸線に達するまで前進をつづける助けとなったのである。

ゴールが明確に〝見える〟ほど、そこに到達する可能性は高くなる

未開発のエネルギー

ノーマン・ヴィンセント・ピール博士の定義では、イメージングとは、望んでいる目標や目的を意識して鮮明に思い描き、そのイメージが無意識に沈むまで維持することであり、すると無意識に未開発の大きなエネルギーが放出される。

数十年前、ドロシア・ブランドはベストセラー『目覚めよ!生きよ! 100万人の人生を変えた12の教え』を書いた。その本で著者は、ほぼ偶然に見つけた成功する生き方の

公式を紹介している。その公式とは、「何に挑むにしても、失敗はありえないかのように行動する」。これはつまり、成功する自分をイメージするということだ。

　目標をイメージすることは、自分自身に対する一種の約束手形である。価値ある目標を設定することが成功への道の第一歩だとすれば、第二は、自分にはその目標を達成する能力があるという信念や確信である。心のなかに、自分が設定した目標に到達して成功するという揺るぎないイメージがなければならない。このイメージが鮮明であればあるほど、目標はより達成しやすくなる。

　ナポレオン・ヒルの著書『心構えが奇跡を生む』に、「見ることを学べ」という章がある。ヒル博士はそこで、ジョージ・W・キャンベルという名の少年の話をするのだが、少年は生まれつき目が見えなかった。両側先天性白内障、医師からはそう言われた。ジョージの父親は医師に尋ねた。「何か手の打ちようはないのでしょうか？」

　医師は言った。「ありませんね、いまのところ、この病気の治療法はわかっていません」

　幼いころのジョージは、目が見えないことに気づいていなかった。ところが、遊んでいるときにあることが起こった。別の少年が、ジョージは目が見えないことを忘れたのか、ボールを投げてから叫んだのだ。「ジョージ、あぶない、当たっちゃうよ」。ボールが当たり、ジョージは戸惑った。なぜ少年は、ジョージより先にボールが当たるとわかったのだろうか？

ジョージにそう訊《き》かれて、母親は「あなたは目が見えないのよ」と答えた。そして「説明してみようね」と言い、彼の手を取って、その指を数えていった。「1、2、3、4、5。この5本の指は五感というものに似ていてね。

この小さな指は聴覚。

この小さな指は触覚。

この小さな指は嗅覚。

この小さな指は味覚。

この小さな指は視覚。

五感はそれぞれ、5本の指みたいに、脳にメッセージを送るの。ジョージ、あなたはほかの男の子とはちがう。使えるのは4つの感覚だけだから」。母親はジョージにボールのキャッチの仕方を教え、五感ではなく四感でボールをキャッチできることを、そして充実した幸せな人生を四感でしっかりキャッチできることを伝えた。

中学生のころに先天性白内障の治療法が開発され、ジョージは目が見えるようになった。

ジョージが言うには、私たちが見るものはつねに心の解釈である。心を訓練しなければ見たものを解釈できない。そのプロセスの大半は目ではとうていできないことなのだ。

未来を見通せることは、人間の脳のきわめてすばらしい成果だ。人は得てして信じたいことを信じやすい。創造的思考はあなたを目標へと向かわせる。そして忘れてならないのは、想像力にはあなたが設定する以外の限界はないということだ。

成功の秘訣《ひけつ》

目標設定に関する優れた書き手や話し手のひとりに、ブライアン・トレーシーがいる。トレーシー氏は非凡な講演家で、何冊かベストセラーを書いてきた。その一冊、『自己を築く　心を支配する7つの法則で、これだけあなたは変わる！』では、ひとつ簡単なたとえを用いている――人生は組み合わせ錠のようなものだ、と。思考と行動を適切に組み合わせれば、本気で望むことは何でも達成可能といっていい。その組み合わせは探せば見つかるのだ。

適切なことを適切な方法でおこなえば、求める結果が得られる。自分の望みが何かを見極められれば、ほかの人が過去にそれをどう達成したかを知ることができる。そこで先人と同じことをすれば、同じ結果が得られるだろう。

成功の秘訣はひどく単純なため、ほとんどの人が見落としている。その秘訣とは？　求めるものを手に入れるには、それを心から望み、過去に同様のことを達成した先人たちの行動を見習い、時間と労力を惜しまずに継続することだ。

自然はえこひいきをしない。自然はあなたが投じたものに返してくれる。それ以上でもそれ以下でもない。何を投じるかは、あなただけが決められる。

あなたが幸福になり、成功する最善の方法は、組み合わせ錠の番号を手に入れることだ。好運を祈ってダイヤルをまわすのではなく、成功に通じる錠前をすでに開けた人たちを研究し、手本としなければならない。

トレーシーは著書で読者にこう説く。あなたの未来はあなたの想像力にのみ制限されるのであり、見えない標的に命中させることはできないのだと。人生で大きなことを成し遂げたくても、それが何なのかわかっていなければ無理な話だ。自分のなかにある力を本気で解き放ちたいなら、まず自分が何を望んでいるかをはっきり、明確にしなければならない。

成功は、目標が達成されたときにどんな姿になるかを、じっくり考え抜いたときに訪れる。その姿がビジョンだ。

成功者たちは自身の望みを正確に把握し、その成果がどのようになるのか、何を提供するのか、自分と他人にどんな影響を与えるのか、鮮明な絵を思い描いている。これがビジョンだ。ビジョンは強力なモチベーター（やる気を高めてくれるもの）として私たちを前進させる。

まずは内なる目、つまり心の目で見てビジョンを描くことだ。自分の人生がどのようなものになるのか、それがすでに存在するかのように、自分が向かう先や、そこに到達したときの光景を明確に思い描こう。そのイメージがガイドの役割を果たし、あなたのビジョンを現実に転換するプロセスの一環となる。

歴史上、優れた創造的ビジョンをもっていたといわれる人物の好例が、ベンジャミン・フランクリンだ。フランクリンは、正規の教育を2年しか受けていないにせよ、印刷工であり、政治家であり、発明家だった。

フランクリンは25歳で米国初の図書館を設立し、31歳で最初の消防隊を組織化した。36

歳で前空き式ストーブを設計し、寒い気候でも多くの人が暖かくすごせるようにした。40歳のときにはすでに電気を利用し、43歳で避雷針を発明、45歳で大学を設立し、79歳で遠近両用眼鏡を発明した。

フランクリンは創造的な考えをもっていただけでなく、それを書き留め、信じ、ビジョンを実現すべく行動を起こした――私たちの利益となるようにだ。あなたにも書き留めるべき創造的な考えはあるだろうか？　あるとしたら、あなたは人口の上位5パーセントに入ることになる。

おぼえておこう、想像力はあなたが開発できるスキルだ。イメージが鮮明であればあるほど、意欲は高まる。意欲のパワーは想像力のなかにある。

14年にわたる研究から、最も鮮明な想像力をもつ人が最も成功しているという結論が出ている。アメリカの心理学者デイヴィッド・マクレランドによるこの研究は、動機づけ《モチベーション》の高い達成者は自身が望むものを正確に想像することを明らかにした。マクレランドの達成動機理論によれば、端的に、創造的想像力に最も秀でた人が目標達成に最も成功するという。

創造的ビジョンが重要なのは、モチベーションが内的イメージから生まれるため、モチベーションは行動を強いる内なる力であるためだ。イメージしたものが現実になることもあるが、それが私たちにとってプラスに働くこともあれば、マイナスに働くこともあるのを忘れてはいけない。

想像力があれば、物事をあるがままではなく、望ましい姿で見ることができる。想像力こそ、創造の起源だ。あなたは望むものを想像する。想像したものを意図し、意図したものを創造する。望むものを想像し、なぜそれを望むのかを突き止める。

グレン・ブランドによる *The Power of Thought: Ageless Secrets of Great Achievement*（『思考の力　偉大な達成の時代を超えた秘密』）という優れた著書がある。ブランドによれば、あなたの内なる真の成功の本質は、世界を導き、築き、そして変えていくすばらしい力にあるという。

ベストセラー作家で起業家のブランドが語るのは、聖書の時代以降、歴史上の偉大な人物たちを高揚させてきたポジティブ・シンキングの要諦だ。アンドリュー・カーネギー、ヘンリー・フォード、リー・アイアコッカ、エイブラハム・リンカン、マーガレット・サッチャーなど、大半の人間的なサクセスストーリーは、同じ基本的価値観で貫かれている。

ブランドはテネシー州メンフィスにある金融サービス会社、ユナイテッド・ファイナンシャル・ネットワークの創設者であり、ナポレオン・ヒルが長年にわたって実施したような、人間の研究をおこなっていた。それでわかったのは、失敗した人々は知性や能力の欠如が原因ではないということだった。それどころか、ほとんどの人が有能だったのである。彼らが失敗した理由は、成功者の考え方の規範に従おうとしなかったからだった。

ブランドは歴史上、偉大な功績を残した人物を研究し、共通の属性や哲学を探して並はずれた成功の秘訣を見つけようとした。研究対象としたなかにはヒルも調べた人物がいた。アンドリュー・カーネギー、トマス・エジソン、ヘンリー・フォード、ジョン・D・ロックフェラー、セオドア・ローズヴェルトだ。さらに、リー・アイアコッカ、マイケル・ジョーダン、メアリー・ケイ・アッシュ、ヘレン・ケラー、マーティン・ルーサー・キング・ジュニア、トム・ランドリー、エイブラハム・リンカン、ノーマン・ヴィンセント・ピール、ノーマン・シュワルツコフ、アルベルト・シュヴァイツァー、W・クレメント・ストーン、マーガレット・サッチャーについても研究した。バックグラウンドは大きく異なっているにせよ、全員に共通した特徴や意見があるのをブランドは発見した。そうした特別な共通項が彼らを偉大な人物へと高めたのである。

ブランドはまた、モーセ、ダビデ、ソロモン、イエス、パウロなど、聖書に登場する人物の生涯も研究した。すると彼らの人生からも、同じ偉大さの本質が明らかになった。優れた達成者の人生に関する研究から、特別な人間性が存在し、開発され、採用されれば、並はずれた成果を挙げられる、との結論が導かれたのだ。この特性は、大きな成功を望む人なら誰でも学び、活用できるかもしれない。

ブランドは、思考や夢がいかに目的を生み出し、目的がいかに目標をもたらすかを論じている。確固たる目標を追求するには、行動計画が欠かせない。明確な目標とその達成のための計画があれば、人は目的を実現し、夢をかなえることができる。それは季節がめぐってくるのと同じく確かなことだ。

偉大な夢想家、偉大な業績

偉大な夢想家の多くは謙虚なはじまりから身を起こす。そのひとりがジョージア州のバプテスト派の牧師、マーティン・ルーサー・キング・ジュニアで、彼が情熱をもって夢見ていたのは、生命、自由、幸福の追求という聖書の原則を、アメリカ合衆国に暮らすすべての男性、女性、子どものために実現することだった。

キング牧師は憲法には何の落ち度もないとし、ふたつとない自由の道具であると称《たた》えた。非があるのは、あらゆる人種、肌の色、信条に関して憲法を実践しない社会だった。キング牧師はそこにダブルスタンダードを見たのだ。

キング牧師は夢想家だった。いわく、「私には夢がある。4人の小さなわが子が、いつの日か肌の色ではなく、人格の中身で判断されるような国に住むというものだ」。その夢は燃えるような願望あるいは決意に転換し、そこから詳細な計画と行動を伴う明確な目標が生み出される。キング牧師の夢の第一段階は、すべてのアメリカ人にとって平等な機会を創出することだった。

バプテスト派の牧師の夢はきわめて強烈で鮮明だった。そのビジョンは感情を高ぶらせ、キングは情熱をこめて宣言する。「私はただ神の御心を実現したい。神は私が山に登ることを許された。そして私は望み見た。約束の地を見たのだ」——これは聖書でモーセがネボ山にあるピスガの頂に立ち、カナンの地を望んだことを指している。これこそ創造的ビジュアライゼーションだ。ある意味では、私たち全員に、目標に到達するまで登らなければならない山がある。

キング牧師のビジョンに限界はなかった。彼はソロモンの言葉、「人はその心に思うとおりの者となる」を理解していた。これは旧約聖書の「箴言」にある深い格言だ。キングはさらに、意義のある成果を達成するには心を磨く必要があることも理解していた。修養された心は、みずからに課した限界しか知らない。

自由と修養の心

米国の法律は物理的な意味では人々を自由にする。だが、個人が心を磨こうとしないかぎり、価値ある目的にもかかわらず、人々は束縛されるのだ。この精神状態は肉体的な奴隷化と同じくらい抑圧的で、これに屈した者は、限界のある思考が許すよりも高く上昇することはできない。

真の成功とは正しい方向に向けられた思考のなせる業だ

心を磨く者は正真正銘の自由を見出《みいだ》すだろう。精神的な成長は個人がみずから獲得しなければならない。真の成功とは、正しい方向に向けられた思考のなせる業だ。真の成功の原則をみずから学び、身につけることで、本来の自分となり、望む人生をおくれるようになる。

百万長者《ミリオネア》のビジョンが内なる思考の世界を変えるにつれ、状況という外の世界も呼応して変化していく。人生における現在地は関係ない。すべてはあなた次第だ。

・あなたは現状を受け入れ、成功する——あるいは、あなたの思考の根幹に直接関わることで失敗する。
・あなたはすばらしい夢のように高く上昇する——想像力のかぎり低く下降する。

自由に考えることができるからこそ、将来の人生の方向性はあなたの手にゆだねられる。責任はあなただけにある。あなたのビジョンはあなたの運命のしるしだ。

アフリカで伝道医として活動し、ノーベル平和賞に輝いたアルベルト・シュヴァイツァーは、「現在の人間はどこがよくないのでしょうか？」と問われ、こう答えた。「まるで考えないところです」

シュヴァイツァー博士の答えは、大衆を苦しめる平凡さの根源を明らかにしている。考えることに時間を割けない人は、潜在能力を発揮できない。多くの人は宮殿を夢見るが、夢を目的に転換する人がほとんどいないのは、目的は骨の折れる思考を求めるからだ。目的こそすべての達成を支える原動力だ。生産的な思考で構想された明確な目的は、並はずれた業績を実現するエネルギーを生み出す。

あらゆる人種や信条の偉大な男女、そして恵まれない背景をもつ多くの人には、次のような共通の特長があった。

・それぞれに明確な目的があったこと
・それぞれが障害を成功への足がかりとみなしたこと
・それぞれの状況を最大限に利用したこと
・それぞれがビジョンをいだき、目標に到達する姿を心に描いていたこと

明確な目的を思い描いたら、詳細な目標と計画を立て、最も成果に直結したルートをた

どれるようにしよう。毎日、課題に集中し、心身のエネルギーをすべてタスクに注ぎ込む。熱意をいだき、ほかの人から無理だと言われても、成功すると信じることだ。

あなたの選択

現在の環境は、いまの自分をつくった思考、イメージ、ビジョンを映し出す鏡であるのを忘れてはならない。自分の考えをより高い次元へ導くことができ、鏡に映るイメージは新たな優れた環境へと変化する。運命はあなたが不毛な状況に生きるよう定めたわけではない。そんな状況にあるとしたら、原因は無知か選択のどちらかにある。

よい木は悪い実を結べないとイエスが言ったのは、よい思いは腐った心からは生まれないし、悪い思いは気高い心からは生じないという意味だ。

ナポレオン・ヒルが何度も宣言しているように、「現在あなたがそこにいるのは、あなたの思考に連れられてきた場所だからだ」

私たちはひとりひとり、自分の運命を選ぶ自由をもっている。失敗を選ぶ自由も、成功を選ぶ自由も、悪か善かを選ぶ自由も変わらない。あなたを取り巻く状況は過去からの思考の副産物。未来の状況はあなたがいま考えていることの副産物だ。思考、そして行動が変化の主体なのである。

あなたは自分の運命を選ぶ自由をもっている

おぼえておきたい関連のある名言をいくつか紹介しよう。

「ビジョンは人生の源であり、希望である。人類に与えられた最も偉大な贈り物は、視覚という贈り物ではなく、想像《ビジョン》という贈り物である。視覚は目の機能であり、ビジョンは心の機能である……この世の気高いこと、注目に値することでビジョンなしに成しえたものはない」

――マイルズ・マンロー博士
（1954―2014、バハマの伝道者、牧師）

「肉体を豊かにするのは心である」

——アンドリュー・カーネギー（1835—1919、アメリカの実業家、慈善家）

「行動なき展望は白昼夢である。展望なき行動は悪夢である」

——日本のことわざ

「ビジョンと夢を育てよう。それはあなたの魂の子、最終的な成果の青写真なのだから」

——ナポレオン・ヒル

州間高速道路26号線上でテネシー州北東部の山を越えると、レンガ造りの教会が見えてくる。教会の正面には大きなレンガの壁があり、そこに書かれた言葉が容易に読み取れる。〈Where there is no VISION the people perish.（**見えるもの**がなければ民は堕落する）〉。

この聖書の一節は「箴言」29章18節に出てくるものだ。

ビジョンを活用して目的を見つけよう

2章

目的を見つける

「おぼえておきたい関連のある名言」につづき、この章では数々の名言や逸話を紹介する。そのねらいは、本当に望む人生の創造につながる百万長者《ミリオネア》のビジョンを喚起することだ。

一途《いちず》な目的

一途な目的が成功の主要条件のひとつだ。運命の女神は嫉妬深いといわれ、同じ求婚者に四方八方からアプローチされるのも拒む。

キャリアを築く段階を迎えた若者は、当初すぐには最適な職業を見つけられないかもしれない。だが、ひとたび天職を見つけ、能力を発揮したなら、その活躍度は目的に対するエネルギーと一途さに大きく左右される。目的が明確で、計画と粘り強さがあったら、誰にも負けないレベルの成功をおさめるだろう。

ある古代スカンディナヴィア人が言った。「私は偶像も悪魔も信じない。自分の肉体と魂の強さにのみ信頼を置く」。昔の斧《おの》の広告にはこうある。「私が道を見つけるか、自分で道を切り開くかだ」。どちらも同じ揺るぎない力の表現であり、古代ノルウェーの住民の独立心を示している。

「何によらず手をつけたことは力を尽くしてするがよい」

――古代のことわざ

「意志あるところに道は開ける」とは、古くからある真理の言葉だ。ひとたび、ある行動を決意すれば、その決意そのものによって、人は望んでいる成果を達成できることが少なくない。

「〝不可能〟という言葉は愚か者の辞書にしかない」

――ナポレオン・ボナパルト

粘り強さ

「努力するのをやめないかぎり失敗はない。批判を避けるには、何もせず、何も言わず、何にもならないことだ。永遠に無知でいるためのレシピとは、自分の意見に満足し、自分の知識に甘んじること。人は誰でも、毎日少なくとも5分間は愚か者だ。知恵とは、その限度を超えないことにある」

——エルバート・ハバード
（1856—1915、著述家、芸術家、哲学者）

「恐怖は信仰の欠如である。信仰の欠如は無知である。**恐怖**は**ビジョン**によってのみ癒すことができる。

世界に**目**を与えれば**見る**ようになり、**耳**を与えれば**聞く**ようになり、**右腕**を与えれば**行動する**ようになる」

——ホレス・トラウベル

（1858―1919、雑誌発行人、作家）

死を前にして、ある父親が息子に言った。「これはおまえのお祖父《じい》さんから譲り受けた腕時計だ。200年近くまえのものになる。おまえに渡すが、そのまえに街の宝石店に行ってきなさい。私がこれを売りたがっていると伝えて、いくらの値がつけられるか確かめてくるといい」

息子は宝石店まで行き、父親のところに戻ってきて言った。「かなり古いから150ドルと言われた」

父親は言った。「質屋に行って訊いてきなさい」

息子は質屋に行って訊いてみた。父親のところに戻ってきて言った。「質屋はすり切れて見えるから10ドルでどうかと」

父親は息子に博物館へ行って時計を見せてくるように言った。

少年は博物館に行き、戻ってきて父親に言った。「館長が、50万ドル出すから、このすごく珍しい一品を貴重な骨董《こっとう》コレクションに加えたいって！」

父親は言った。「私は適切な場所に行けば、適切な方法で評価してもらえることを伝えたかった。間違った場所にいて、評価されないからと腹を立ててはいけない。おまえの価値を知っている人が、おまえを認めてくれる人だ。おまえの価値をわかる人がいないところにとどまってはいけない」

自分の価値を知ろう！

「神は私に対してとても慈悲深い。私はある人がした悪いことにこだわったり、あとから思い出したりしないからです。もし思い出したとしても、かならずその人の内に別の美徳を見るのです」

――アビラの聖テレサ

「長く生きるほど、深く確信するのだが、ひとりの人間と別の人間――弱者と強者、偉大な者と取るに足らない者――の違いを生むのは、エネルギーであり、不屈の決意であり、確固とした目的であり、そして死か勝利かなのだ」

「自信は偉大な事業への第一条件である」

——トマス・フォウェル・バクストン
（1786—1845、慈善家、政治家）

「習慣は綱である。私たちは毎日その糸を編み、結局それを断ち切ることができない」

——サミュエル・ジョンソン
（1709—1784、著述家）

明確な目的をもたない人間は、羅針盤のない無力な船だ。

——ホレス・マン
（1796—1859、教育者）

計画の持続性

「真の知恵とは、断固たる決意である」

——ナポレオン・ボナパルト

「毎朝、その日の取引を計画し、その計画に従う者は、1本の糸をもち、それを道しるべにどんなに忙しい人生の迷宮をも通り抜ける。整然とした時間の配列は一筋の光のようなもので、その光が彼のすべての活動を貫く。しかし、何の計画も立てず、時間の処理をただ偶然の出来事にゆだねるならば、すべての物事がひとつの混沌にひしめき、振り分けることも見直すこともできない」

——ヴィクトル・ユーゴー
（1802―1885、フランスの作家）

ナポレオン・ボナパルトは一途な目的によって決然と行動に駆り立てられ、危険なアルプスを横断しはじめると、あらゆる障害物はことごとく踏み石となって消えていった。

「最後に、兄弟たちよ。すべて真実なこと、すべて尊ぶべきこと、すべて正しいこと、すべて純真なこと、すべて愛すべきこと、すべてほまれあること、また徳といわれるもの、称賛に値するものがあれば、それらのものを心にとめなさい」

——聖書

（「ピリピ人への手紙」4章8節）

成功するためには、どれだけもっているかではなく、もっているものをどう使うかが肝心だ。

「先延ばしは時間の盗人《ぬすびと》である」

——エドワード・ヤング

（1683—1765、詩人、著述家）

「偉大な功績は通常、大きな犠牲から生まれるものであり、けっして利己主義の結果ではない」

――ナポレオン・ヒル

「どんなアイデア、計画、目的も、思考をくり返すことで心に留《とど》めることができる」

――ナポレオン・ヒル

目標

ナポレオン・ヒル

「明確な目標に心を定めたら、世界がいかに早くあなたを通過させるか観察するといい」

「心には私たちが認めるもののほかに限界はない」

「目標とは期限のある夢である」

「すべての達成の出発点は願望である」

「人間だけが、思考を物理的な現実に変える力をもっている。人間だけが、夢を見ることができ、その夢を実現することができる」

百万長者になりたいのなら、ただそれを望むだけでは足りない。本書『ミリオネアビジョン』に記された原則を学び、応用すれば、その願望を成就できる。

1941年、ナポレオン・ヒルは重機械を製造するルトルノー社の人事担当として雇われた。雇用のねらいは、同社が組合化されないよう、よりよい関係を築くことだった。

1941年から1942年にかけて、ナポレオン・ヒルは「メンタル・ダイナマイト」と名づけた16冊の小冊子を書いた。16のレッスンを扱ったもので、第1のレッスンは「目的の明確さ」であり、ヒルはこれをあらゆる達成の出発点と述べている。7番目のレッスンは「創造的ビジョン」と題され、「応用的想像力」という副題がついていた。いわく、「想像力は人間の作業場であり、そこであらゆる成果のパターンが形成される」

そして創造的ビジョンに関するレッスンでは、アメリカ法の偉大な指導者たちが創造的ビジョンを用いた方法のおかげで、「アメリカ式」が世界の羨望の的となったと語っている。

〈創造的ビジョン〉とは、〈想像力〉の別名にほかならない。本書を読むときは、もしまだだったら、自分を百万長者としてイメージすることをおすすめする。著者のほかにも数百万人がやってきたように、読んで応用しようというときは、その考えをいだきつづけてほしい。

想像力にはふたつの種類があり、これが１００年前には夢でしかなかった人生を創造するのに役立ってきた。**統合的想像力**とは、アイデアや構想を組み合わせて新たに編成するものだ。ナポレオン・ヒルは『思考は現実化する』に書いている。「この能力によって、人は古い概念、アイデア、計画を新しい組み合わせに編成できるだろう」

エスキモー・パイ（現名称はイーディーズ・パイ［Edy's Pie］）の誕生は想像力の優れた産物で、ここではふたつ以上の製品を組み合わせて新しい製品が生み出されている。エスキモー・パイは、１９２０年にクリスチャン・ケント・ネルソンが発明したアメリカ初のチョコレートがけアイスクリームバーだった。要はアイスクリームをチョコレートで覆ったものだ。ネルソンはデンマークからの移民で、学校の教師であり、キャンディ店のオーナーでもあった。彼の主張によると、１９２０年にアイオワ州オナワの小さな町でエスキモー・パイの着想を得たらしい。小さな男の子が彼の店にやってきて、少ないお金でアイスクリームを買うか、チョコレートバーのキャンディを買うか決めかねていたのだという。ネルソンは、チョコレートバーがアイスクリームバーにくっつくよう、さまざまな方法を試しはじめ、この新発見を〝Iスクリームバー（I-Scream Bars）〟と命名した。１９２１年、発明者は特許と商標を申請し、ラッセル・C・ストーヴァー・キャンディーズ社と、この新製品に妻がつけた〝エスキモー・パイ〟という新しい名称で大量生産する契約を結ぶ。１９２２年には、エスキモー・パイは１日に１００万個の売り上げを記録するようになった。エスキモー・パイは、既知のふたつのアイテムを組み合わせて新しいものをつくるという、統合的創造性の優れた例だ。

「太陽の下に新しいものはない」という古いことわざは、新たに開発されるものの大半は、古いものの配置換えでしかないことを意味している。米国特許庁に提出される特許のほとんどは、古いアイデアを新しい順序で並べたものにすぎない。

　古いものの配置換えではない特許には、**創造的想像力**という表題がつけられる。これは過去に使われたことのない新たな創案に基づいているという意味だ。創造的想像力の起源は、どうやら心の潜在意識にあるらしい。潜在意識には、新しいアイデアを発見して実現する能力がある。つまり魂の工房と考えていい。創造的想像力は潜在意識に導かれるのかもしれないし、それを〈無限の知性〉と呼ぶ人もいるだろう。

「理想とする人生設計がはっきり見えて、それをほかの人にも同じようにはっきり見せることができるだろうか？　紙に書き出すことができるだろうか？　書いたことがあるだろうか？　書くのは簡単だろう――いや、そうだろうか？」

――トマス・ドライヤー
（1884―1976、文筆家）

「イマジネーションがすべてだ。イマジネーションは人生の来たる出し物の予告編だ」

――アルベルト・アインシュタイン

「想像力とは、人間が創造したあらゆる物理的なものの絵を描く建築家である。私はもっている物や商品の一切を取り上げられても、想像力にまかせておけば、じきに必要なものや便利に使えるものを取りそろえることができる」

――ナポレオン・ヒル

3章

積極的な心構え

積極的な心構えこそ、すべての成功の基盤である。ナポレオン・ヒルが積極的な心構えをもち合わせていたのはまず間違いない。おかげで多作な作家となり、苦労して得た知恵をできるだけ多くの人と分かち合いたいと思うようになった。

1928年、ナポレオン・ヒルは複数巻からなる*Law of Success*（『成功の法則』）を執筆した。各巻にふたつのレッスンが収められていたが、つぎに挙げるように、その15のレッスンには、〈積極的な心構え（Positive Mental Attitude）〉が含まれていないことに注意されたい。『成功の法則』は1400ページを超える長さで、このセットには彼が教え、のちに1冊の本として出版したレッスンが、8巻に分けて収録されている。15のレッスンのタイトルは以下のとおり。

1. 確固たる主な目的
2. 自信
3. 貯蓄の習慣
4. イニシアティブとリーダーシップ
5. 想像力

6. 熱意
7. セルフコントロール
8. 報酬以上のことをする習慣
9. 魅力ある個性
10. 正確な思考
11. 集中力
12. 協力
13. 失敗から利益を得る
14. 寛容
15. 黄金律の実践

ナポレオン・ヒルには以下の著書もある。

・*The Magic Ladder to Success*（1930）『成功を約束する17の法則』
・*Think and Grow Rich*（1937）『思考は現実化する』

・*How to Sell Your Way Through Life*（１９３９）『仕事の流儀』
・*The Master Key to Riches*（１９４５）『成功へのマスターキー』
・*Think Your Way to Wealth*（１９４８）
・*How to Raise Your Own Salary*（１９５１）。*Think Your Way to Wealth*の復刻版。『巨富を築く人、誰でも活用できるそのテクニック　カーネギーの個人授業』

１９５９年、ナポレオン・ヒルはＷ・クレメント・ストーンとの共著『心構えが奇跡を生む』を発表した。これはヒルが〈積極的な心構え〉に関する章を収めた最初の本だった。ビジネス界の大物であるＷ・クレメント・ストーンとパートナーシップを結んだとき、ストーンから説得され、成功の原則に〈積極的な心構え〉が加えられた。ナポレオン・ヒルとＷ・クレメント・ストーンの『心構えが奇跡を生む』は、出版から60年以上をへた現在もよく売れている。

積極的な心構えの価値

消極的《ネガティブ》な心構えが、成功への道を阻んでいないだろうか？　もしそうなら、いまが変わるときだ。消極的に考えがちな人は、どんな問題や障害も乗り越えられないものとして受け入れる。積極的な心構えの人は障害を克服する方法を見つけるだけでなく、実際に障害を踏み台に変えるのだ。

ルイジアナ州で遺産整理のために広大な土地が売りに出された。入札があったのは2件だけで、うち1件は隣接する土地を所有していた男性からのものだった。男性は土地の多くが竹やぶで覆われていて実質的に価値はないと考え、低い値をつけた。もうひとりの入札者は2倍の高値を提示した。その入札者は土地を手に入れると、竹を切って釣り竿にし、土地の代金をまかなえるほどの金額で売ったのである！

このように、ポジティブな考え方は成功する好機を引き寄せることがわかる。消極的な考え方は機会を寄せつけず、せっかく転がってきたチャンスも生かそうとしない。

消極的な心構えは、恐れや優柔不断、疑い、先延ばし、苛立《いらだ》ち、怒りを伴い、人を遠ざけ、好機を追い払う傾向がある。積極的な心構えは、信念、熱意、自発性、自己規律、想像力をもたらし、人を惹《ひ》きつけ、好機を生み出しやすい。

では積極的な心構えを維持するにはどうしたらいいのか？　あらゆる計画や目的の〝できる〟部分を考えて行動すること、そしてほぼすべての活動に見られる〝できない〟部分を克服不可能なものとして受け入れないようにすることだ。

状況はつねに変えられるとはかぎらないが、自分の心構えを変えることはできる。他人の行動をつねに変えられるとはかぎらないが、自分の反応をコントロールして変えることはできる。

積極的な心構えを維持する

日常的に励みとなるメッセージを発信することは、積極的な心構えを身につけ、維持する方法を学ぶのに役立つ。心構えがポジティブに保たれたなら、成功するために欠かせないよい習慣を形成しやすい。

消極的な心構えの人は成功を簡単には得られない。ネガティブさは人生を通じて多くの失敗を引き起こすものだ。成功は、はしごを登ることにたとえるといい。適切な体の構えで一段一段登り、計画を立て、持続力を発揮して計画を実行に移せば、かならずといっていいほど、あらゆる取り組みで成功という結果を得ることができる。

必要なのは、積極的な心構えを強く望むことだけだ。どんな状況でもポジティブに考えたい。自分に対する充足感は、ポジティブでいるという選択によってのみ達成できる。仕事でも、家庭でも、友人との関係でも、あなたが望む成功のレベルに達するには、あなたの決断が必要だ。幸福な人生を築くことに制限はない。

心構えに関していえば、積極的な人が入ってくると部屋が明るくなるのは確かだ――消極的な人は、出ていくと部屋が明るくなる。

成功と幸福に満ちた人生をおくるには、積極的な心構えが不可欠だ

W・クレメント・ストーン（1902―2002）は、わずか100ドルで保険会社を

設立した億万長者だった。２００２年に１００歳で亡くなるまで、ナポレオン・ヒル財団の会長を務めた。彼が理事の地位を与えてくれたからこそ、私は過去24年にわたってＣＥＯの任務を果たすことができた。

ストーン氏は非常に意欲的な人物で、積極的な心構えをビジネスの礎としていた。ストーン氏の定義する積極的な心構えは、あらゆる状況に適した姿勢である。積極的な姿勢とは、人生に消極的な要素がないことだ。

積極的な姿勢は望むものを引き寄せ、消極的な姿勢は望まないものを引き寄せる。

百万長者《ミリオネア》のビジョンを描くにあたって、積極的な姿勢が、成功するための真の可能性を開花させる助けとなるだろう。積極的な姿勢と、個人的に価値ある目標を選択することこそ、勝利の組み合わせであり、成功への道のりの本当のはじまりなのだ。

おそらくご存じのとおり、好むと好まざるとにかかわらず、私たちの世界は絶えず変化している。ただ、どんな変化が訪れようと積極的な姿勢を保つあなたには、目標達成へと通じる方向を選択する力がある。人の権利を侵害したり神の掟《おきて》に反したりしないかぎり、人生のどんな目標にも到達できる力を自分のなかにもっているのだ。

あなたの決断を下す力はあなたにしかない。ひとたび姿勢を変えれば、人生を変えることができる。すばらしい一日にするか、ひどい一日にするかは、あなたの選択であり、あなたの権限なのだ。忘れないでほしいのは、世界をあるがままに見るのではなく、私たちのあるがままに見るということだ。

あなたには成功と幸福につながる積極的な日々の姿勢を選ぶ力がある――あるいは失敗と不幸につながる消極的な日々の姿勢を

ナポレオン・ヒルの名言として最も知られているのは、「心に描き、信じることができれば、心は何でも達成してみせる」である。

正しい考え方と積極的な姿勢があれば、人生は楽しくなり、職場では、正当に報われると信じることで、もう少しだけ努力を重ねて優れた仕事をすることができるはずだ。

人生のあらゆる分野で心構えを改善する方法は数多くある。つぎに挙げるのは、ナポレオン・ヒル提案の、目覚ましい成果をもたらす10のステップだ。

1. 毎日、自分の恵まれている点を数えて感謝する。ポジティブな特徴すべてについて考えれば、前向きにならずにいられない。

2. 自分が望むことに心を向け、望まないことには心を向けない。言い換えれば、起こりうる悪い状況ではなく、起こりうるよい状況に集中する。

3. 自己啓発本を読み、関連づけ、吸収する。やる気《モチベーション》とは火のようなものだ——燃料を足さなければ消えてしまう。

4. ポジティブな暗示を使う。心理学者たちは昔から知っているが、始めるまえに立ち止まり、成功した自分を思い描けば、どんな課題でも成功する確率が高まる。

5. 毎日、目標を設定し、達成する。大きな目標でなくていい。小さな目標でも達成すれば、自信がつく。成功の必要条件だ。

6. どんな状況でもよい点を探す——落ち度や欠点ではなく。他人の長所を探すことは、自分の心構えにも役立ち、他人の態度に好影響を与えるのはいうまでもない。

7. 自分を信じなければならない。自分を信じれば、ほかの人からも信頼される。自分を信じ、ほかの人から信頼されたら、何でも可能だ。

8. 自分のもっているものの一部、よい部分をほかの人と分かち合う。他人を助けたときの高揚した気分はほかにたとえようがない。

9. 他人のためによいことをするのは、自分を助け、他人のポジティブな姿勢を育《はぐく》むことだ。

10. あなたの最大の力は祈りの力である。

率先して動く

・会話を肯定的なものにする
・前向きな人と付き合う
・解決策に取り組み、問題にとらわれない
・人生に奇跡を探す

「信じる者には、どんなことでもできる」――「マルコによる福音書」9章23節

映画『バック・トゥ・ザ・フューチャー』で、ドク・ブラウンは私たちに言った。「未

来はきみたちがつくるんだ。だから、いい未来にしよう！」

生きている人はみな、ポジティブ、ネガティブ、ニュートラルのいずれかになる――だが、あなたがもっている可能性は、行動しなかったら意味をなさない。*Napoleon Hill's Secret*（『ナポレオン・ヒルの秘密』）を書いたとき、私には〝行動〟という言葉が最も意味深く感じられた。ナポレオン・ヒルの不変のベストセラー、『思考は現実化する』には、この言葉が77回も登場するからだ。

潜在意識に置かれたポジティブな思考は、ネガティブな思考に取って代わり、それがふたたび現れるのを防ぐ。考え方いかんで、人生で期待できる成功の度合いが決まるのだ。

自己暗示

自己暗示とはすなわち、自分にポジティブに語りかけることだ――これは絶えず成果にフォーカスすることで目標達成に役立つ。心はよく庭にたとえられるが、庭を放っておくと雑草が生えてくる。放置された心にはネガティブな思考が芽生えやすい。解決策は、日々ポジティブな思考を植えつけることだ。

毎日、段階を踏んでポジティブな考え方の確立と維持に努め、ネガティブな影響や人は避けていきたい。能動的に考え、ポジティブに感じることが、その瞬間、その日、その週、その月、そしてその先にもある成功への最高の方向づけとなる。

フランスの心理学者で薬剤師でもあったエミール・クーエの有名な発言がある――「どの日も、どの点でも、私はますますよくなっている」。この言葉は20世紀初頭にクーエが開発した自己暗示の一種だ。自己暗示とは、一種の自己誘導的な提案として自分に語りかけ、思考、感情、行動を導けるようにすることを意味する。

ミハイ・チクセントミハイはシカゴ大学の教授時代、著書『フロー体験　喜びの現象学』にこう書いている。「人は、自分で決めた目標を達成しようと努力しているときがいちばん幸せである。つまり、幸福とはたいがいハードワークなのだ」。チクセントミハイ教授は、このテーマを25年にわたって研究したすえに、私たちが人生で最も幸せだったと思い出す体験は、自分がやっていることに熱中し、ほかのことを忘れたときに起こると結論づけた。充実感は多くの場合、困難を感じたときに生まれる。

ただ存在しているだけで幸せが降ってくるなどと思わないことだ。むしろ、幸せは人生で達成したことの結果だと気づいてもらいたい。幸せは勝ち取るものだ。人生の目標は人によって大きく異なるにせよ、歴史を通じて人は仕事に手を着けるたびに向上したいと願うことが示されている。

目的、計画、行動

本を読み、勉強をつづける傍らで、ミリオネアビジョンに取りかかることが、本当に望む人生を築くうえで最も重要なポイントだと気づくべきだ。人生に向けたミリオネアビジョンが準備できたら、かならず〝始める〟ことを忘れてはならない。目的が定まったら、計画を立てはじめる。そのあとは、行動開始――計画を実行に移すのだ。

ミリオネアビジョンでは、まず目的があり、そのつぎに計画がある。達成したい目的が明確になったら、いつでも計画を変更してかまわない。自分のビジョンと計画を信じることが、称賛すべき適切な目的に専心する者の人生ではきわめて重要だ。計画に沿って行動を始めても、おそらく障害物が立ちはだかるだろう。だが、人生という道のりの封鎖物は人を強くするだけだ。その逆境にくじけないかぎりは。

問題を解決することは心の先見力を強くする

逆境を一時的なものととらえ、解決するたびに強くなれると信じ、信念をもたなければならない。逆境を肉体の強化エクササイズになぞらえるのだ。問題を解決することは、心の先見力を強くする。

そして難題《チャレンジ》は心を刺激する。チャレンジを、ごちゃまぜの単語ゲームやクロスワードパズルを解くことにたとえてみよう。その解法の難易度に応じて、チャレンジを楽しむことはできるだろう。失敗から学び、何がいけなかったのか、つぎの挑戦ではそれをどう回避するのかと自問してもいい。学ぶべき教訓は――けっして、あきらめないこと!

人生の明確な目的を定めることは、心に繁栄意識をもたせるための第一のステップだ。

〝繁栄意識《プロスペリティ・コンシャス》〟とは、自分の人生には豊かさと繁栄がふさわしいと信じている心の状態を指す。

「成功は成功を意識する者に訪れる」

――ナポレオン・ヒル

繁栄意識を育むにはふたつのステップがある。

1. 燃えるような願望をいだく。

2. お金に関する考え方を変える（効果が出はじめるのはここからだ）。

お金と繁栄にまつわる思い込みに気づけば、この重要なトピックに対する信念を築いたり、確かめたり、変えたりする機会が得られる。ここで学ばなくてはならないのは、必要な財源の確保に集中することだ――資金の不足にフォーカスしてはいけない。

ビジョンを達成するための計画に着手したはいいが、おそらく失敗することもあるだろう。だが、あきらめてはいけない。一歩前進するごとに、自分のビジョンに近づいているはずだからだ。失敗を経験したら、何がいけなかったのかを自問し、解決策を探す――言い訳は無用だ！

失敗への恐れ

〝恐れ〟が原因で、ミリオネアビジョンや本当に望む人生に到達するための計画を果たせないことは少なくない。恐れは挑戦すらしない理由にもなる――失敗への恐れや、批判への恐れなどのためだ。恐れに正面から立ち向かってみると、その恐れが思った以上に誇張されていたことに気づくことがよくある。たいていの場合、恐れることは何もない。フランクリン・D・ローズヴェルト大統領の就任演説にあるように、「恐ろしいのは恐れ自体のみである」

自分を責めるのではなく、むしろ挑戦して失敗した体験が有益になるのだと知ってほしい。失敗のひとつひとつが同等の利益の種を運んでいるからだ。知識を得て解決策を見つけることができれば、つぎの試みは成功する可能性が高い。

必須成分

成功の必須成分としては、〈積極的な心構え〉に加えて〈熱意〉も価値が高い。〈積極的なビジュアライゼーション〉とは、自分が望むものに焦点《フォーカス》を当てることだ。裕福な人はより裕福に、貧しい人はより貧しくなりがちだとよく言われる。私自身の研究もそれを裏づけているようだ。

聖書も「マタイによる福音書」13章12節でこんな言い方をしている。「おおよそ、もっている人は与えられて、いよいよ豊かになるが、もっていない人は、もっているものまでも取り上げられるであろう」

さらに、財産はため込むのではなく、使うべきものであるのも事実だ。何であれ私たちが所有するものは、使うか失うか《ユーズ・オア・ルーズ》なのである。奇妙なことに、この宇宙で永久につづくものはひとつしかない――絶え間ない変化だ。一瞬たりともまったく同じままでいるものはない。私たちの肉体でさえ絶えず変化している。

あなた自身の経験に照らし合わせてみればいい。

評価や昇進のために苦労しているときは、後押ししてくれる人はめったに出てこない。ところが、ひとたび成功を収めれば、人々は列をなして援助を申し出る。

私は〝調和する引き寄せの法則〟と呼んでいるが、あらゆる状況で類は友を引き寄せる。成功は成功を引き寄せる。失敗はさらなる失敗を引き寄せる。私たちは生涯を通じて、否《いや》応《おう》なく成功や失敗へと導く力の受益者であったり犠牲者であったりするわけだ。

ここで目標となるのは、失敗コースではなく成功コースに乗ることだ。どうやればいいのか？　簡単なことだ。

答えは、運命の進路を切り開く積極的な心構えを採用し、維持することにある。人生の逆境のなすがままに流されてはいけない。

あなたには考える力、熱望する力、希望をいだく力、人生をどんな目標にも向ける力が与えられている。それは人生で唯一、完全に、誰にも邪魔されずにコントロールできる特権だ。ただし、その特権を受け入れ、行使しなければ、厳しい罰を受けることになる。今日、あなたが所有するものは——物質的であれ、精神的であれ、霊的であれ——使うか失うかなのだ。

備忘録

第一に、人生で達成したい目的、ポジションを明確に定義する。そしてそれを信じ、自分にこう言い聞かせる。できる。いまならできる。

第二に、計画を立て、自分で設定した目標の達成に必要なステップを踏む。

第三に、計画はステップごとに立てること。1回成功するごとに、つぎのステップが容易になり、どんどん人が引き寄せられて最終的な目的を達成しやすくなる。

おぼえておこう、立ち止まってはいられない。成功に向かって進まなければ、失敗に向かって進むことになる。選択するのはあなた、あなただけなのだ。

4章

読書を習慣にする

「読書のいいところは、読者に高みへと到達する力が与えられ、そのまま昇りつづけていけるところだ」

――オプラ・ウィンフリー

いい本を読んで、その本の知識を活用できれば大きなリターンが得られる。

数年前、作家のジム・ストーヴァルの著書を読んだ。そこには「良書を読むことは、過去の優れた人々と会話をするようなものだ」と書かれていた。ストーヴァルには60冊以上の著作があり、そのうち8冊が映画化されている。なかでも有名な作品は、ジェイムズ・ガーナー、アビゲイル・ブレスリン、ドリュー・フラー出演の *The Ultimate Gift*（『究極の贈りもの』）だろう。この映画の配給元は20世紀フォックスで、興行収入1億ドルを突破した。書籍『究極の贈りもの』も約５００万部を売り上げている。

ジム・ストーヴァルは視覚障害者で、視覚障害者の支援者でもある。〈ナラティブ・テレビジョン・ネットワーク〉の社長を務める彼は、目の不自由な人が楽しめるテレビ番組や映画を提供しているのだ。若いころは傑出したアスリートで、夢は大ファンだったＮＦＬのダラス・カウボーイズでプレイすることだった。ところが健康診断で黄斑変性症と診断され、結局、29歳で目が見えなくなる。

ストーヴァルは20代のときに、重量挙げの選手として2度、全米選手権を制している。視力が低下するなか、彼はオーラル・ロバーツ大学に通っていた。同大学の郵便室で働きはじめた父親が、このとき執行副学長にまで出世していた。

視力が失われ、就職できない可能性に直面すると、ジムは父親に自分でビジネスを立ち上げたいと相談した。ビジネスの経験が少なかった父親は、オーラル・ロバーツ大学の長年の支援者、リー・ブラクストンを息子に紹介した。

リー・ブラクストンは、無一文から大金持ちになった人物だ。南部で育ったリーは、働いて家族を助けるために学校を中退した。多くの事業を興し、48歳になるころには会社をすべて売却して大金を手に入れたリーだったが、そのお金のほとんどを寄付し、残りの人生をオーラル・ロバーツ大学を含む、さまざまな団体を支援することに捧げていた。

リー・ブラクストンに会ったストーヴァルは、当時最も売れていた自己啓発本、ナポレオン・ヒルの『思考は現実化する』を手渡された。そしてこの本を読み終えたらまた会いにくるよう告げられた。

ストーヴァルがふたたび会いにいくと、ブラクストンからいくつか質問された。ところがストーヴァルは答えることができず、ブラクストンからもう一度『思考は現実化する』を読むよう言い渡された。ストーヴァルは自分の将来についてブラクストンと話すまえに、結局、三度その本を読み返した。

両親が用意してくれたストーヴァルの部屋には、電話、ラジオ、テープレコーダーがそろっていて、彼は当初、もうこの部屋から出なくてもいいのではないかと感じていた。自分に必要だと思うものがすべてそろっていたからだ。

そんなある日、ジムはふと郵便物が届いていないかが気になり、手紙を読めないにもかかわらず郵便受けまで行ってみた。すると、こんなアイデアが湧き上がった——どこの通りにいても、世界中どこへでも行けるのではないか。そこで、電話で株を売るという仕事にチャレンジしてみることにした。彼の成績は、試用期間中のほかのどの求職者よりも優秀だった。

ジム・ストーヴァルは、それだけ飛び抜けた結果を出せた方法を、ぜひ社内のほかの者にも教えてほしいと頼まれた。それを皮切りに、会社の枠を越えて頻繁に講演の依頼が舞い込み、報酬を求めるようになったストーヴァルは、やがて米国で指折りの需要のある講演者となる。その報酬は一時間で5万ドルにものぼった。

本が導く先

ある日、私はジム・ストーヴァルの*The Millionaire Map*（『百万長者の地図』）を読んでいた。そのなかでストーヴァルは、あなたが行きたい場所に行ったことのない人から、けっして地図を受け取ってはいけないと読者に忠告していて、私はとてもいいアドバイスだと思った。

また、ストーヴァルは同書で、彼の恩師であるリー・ブラクストンに言及していて、それを読んだ私は、ストーヴァルに電話をかけようと思った。ストーヴァルは、彼と連絡を取りたい読者のために、本の最後に自分の電話番号を載せていたのだ。

その番号にかけると、すぐに本人が電話に出た。私は彼に尋ねた。「ジム、あの本で言及されていたリー・ブラクストンが、ナポレオン・ヒルの葬儀で弔辞を述べたことは知っていますか？」

「それは知りませんでした！」と彼は言った。それから、昔、リー・ブラクストンの娘さんがオーラル・ロバーツ大学で教授をやっていて、父親であるリーとナポレオン・ヒルとの関係について話してくれたのです、とつづけた。

*The Millionaire Map*を読んだことで、ジム・ストーヴァルと私は、非営利団体ナポレオン・ヒル財団とすばらしい友情とパートナーシップを築くことができた。ナポレオン・ヒル財団は、ジム・ストーヴァルと共同で七冊の本を出版しており、その収益はすべて、ナポレオン・ヒル財団の事務局があるヴァージニア大学ワイズ校の奨学金に充てられている。

さらにジムは、ヴァージニア大学ワイズ校を訪れ、何百人もの学生の前で、私がこれまで聞いたなかで最も興味深い話をした。ジムはその講演を無料で開催し、しかも、大学までの交通費も自分で負担した。普通なら5万ドルを超える彼の講演は、2年先まで予約で埋まっている。

「あなたにとっていちばん有益な本は、あなたをいちばん考えさせる本である。そして最も学ぶのが難しいのは、容易な読み物である。偉大な思想家が著した偉大な書物は、真理と美をたっぷり積んだ思想の船である」——セオドア・パーカー（1810〜1860年、奴隷廃止論者、牧師）

「本を読まない人間は、本を読めない人間に勝ることはない」――マーク・トウェイン

あなたがよい本をあまり読まないなら、いますぐ読むようにしてほしい。本から得られるメリットに驚くだろう。

以下は、読書がもたらす恩恵について説明するために、私が20年以上前に書いた文章である。

本への愛が興味深い人々との出会いにつながる(1)

ナポレオン・ヒル財団の専務理事という立場になって、私は数多くの興味深い人物と出会う機会に恵まれた。英国の作家トマス・カーライルは、かつてこう述べている。

「私たちは出会った人や読んだ本で形づくられている」

私はこれまで本に情熱を注いで生きてきた。本は人々を楽しませたり知識を授けたりするだけでなく、簡単には測れない、多くの利点をもたらしてくれる。

この文章は、本に対する私の情熱が、すばらしい人々との出会いにつながったことへの大きな喜びについて記したものである。本がなければ、彼らと出会うことはなかっただろう。

最近、私はフロリダ州ネイプルズでトム・ハーケンに会い、トム、彼の妻メルバ、子どもたちのマークとトミー・ジュニア、彼の孫たちと一緒に過ごした。

私がトム・ハーケンの驚くべき人生を知ったのは、1998年に彼の自伝*The Millionaire's Secret*（『百万長者の秘密』）を読んだときだった。トム・ハーケンの人生を語るうえで重要なのは、彼が百万長者になったことではなく、逆境を乗り越え、人道的活動をずっとつづけていることである。

1994年、ハーケンは逆境を切り抜けて成功したことが評価され、ホレイショ・アルジャー賞を受賞した。この賞は、米国でも有数の栄誉ある賞である。

ホレイショ・アルジャー賞の受賞者には、コリン・パウエル、メアリー・ケイ・アッシュ、アート・リンクレター、ヘンリー・キッシンジャー、ボブ・ホープ、クラレンス・トマス米連邦最高裁判所判事、ブロックバスター社とマイアミ・ドルフィンズの元オーナー、ウェイン・ハイゼンガなどがいる。

トム・ハーケンは幼いころにポリオを患い、人工呼吸器につながれて1年間過ごした。結核に感染し、医師から伝染性だと言われ、母親の家の一室に隔離されたこともある。

まともに学校へ通えず、読み書きもおぼえられなかったハーケンは、挫折して小学校を中退した。

*The Millionaire's Secret*には、トムの苦悩と、それをいかに克服して大きな成功をつかんだかが記されている。この本は、誰もが逆境を乗り越え、他人を助けられるレベルにまで到達できることを示している。

トム・ハーケンにはとくに成功した事業が3つあり、本人が言うように*The Millionaire's Secret*はよい知らせを伝える物語である。現在、ハーケンは数百万ドル規模のビジネスを監督しながら、識字率の向上を支援している。

トム・ハーケンの人生は、読書の重要性と、読書から得られる喜びと恩恵を示している。

もうひとりの興味深い人物は、ルース・スタッフォード・ピールだ。彼女とはあるカンファレンスで出会い、そこで時間をともにした。彼女の夫のノーマン・ヴィンセント・ピールは、ニューヨークのマーブル協同教会の牧師だった。彼女は夫とともに*Discovering the Power of Positive Thinking*（『前向き思考の力を見つけ出す』）の著者として知られる。

しばらく一緒に過ごすと、ミセス・ピールがなぜ、何百万人もの人に多大な影響を与えてきたのかがよくわかった。彼女は『リーダーズダイジェスト』『ウーマンズ・デイ』『サタデー・イヴニング・ポスト』など、数多くの雑誌に寄稿している。

彼女はまた、トマス・ネルソン出版から刊行された*Secrets of Staying in Love*（『愛しつづける秘訣』）の著者でもある。〈ガイドポスツ〉から出版された自伝*A Lifetime of Positive Thinking*（『生涯前向き思考』）には、2001年のホレイショ・アルジャー賞の授賞式でジョージ・W・ブッシュ大統領と一緒に写っている写真も掲載されている。

アイオワ州生まれのルース・スタッフォード・ピールは、シラキュース大学を卒業後、1938年にノーマン・ヴィンセント・ピール博士と結婚するまで、シラキュース・セントラル高校で数学を教えていた。

その後、出版団体〈ガイドポスツ〉の会長に就任。この団体は260万人の購読者をもつ月刊宗教誌『ガイドポスツ』を発行しており、同誌は米国最大の宗教系非営利雑誌となっている。

〈ガイドポスツ〉のアウトリーチ部門で、1940年にピール夫妻によって設立された〈ピール・センター・フォー・クリスチャン・リヴィング〉は、国内の祈りの活動に加えて、世界各地の100万人に啓発的な資料を配布し、電話、郵便、ファクス、インターネット（www.guideposts.org）を通じて、毎月2万件以上の問い合わせを受けている。

ルース・ピールがその生涯で受けた賞は、ここでは挙げきれないほどたくさんあるが、とくに注目すべきは、彼女の宗教活動によってアメリカン大学から授けられた4つの名誉博士号、ニューヨーク州の〈マザー・オブ・ザ・イヤー〉、全米大学女性協会の〈ウーマン・オブ・ザ・イヤー〉、そして誉れ高き〈ホレイショ・アルジャー賞〉だろう。

101年という長い人生を生きたルース・ピールは、異なる分野で多くのことを成し遂げた。私がそんな彼女と知り合いになれたのも、本が好きだったおかげである。

最近、私は本のおかげで日本に二週間、しかもファーストクラスで招待されたが、これはまた別の話である。

つぎの文章はナポレオン・ヒルが執筆し、自身の雑誌に掲載したものである。

黄金律思考(2)

幸せを見つけるたったひとつの確実な方法は、他人が幸せを見つける手助けをすることだ。

お金を手に入れたり、成功を収めたりする場合でも、このルールはかならず当てはまる。手に入れるためには、まず与えなければならない。

だからこそ私は、人類のためによき仕事をしている人は全員、後押しすべきだと思っている。たとえば、腕のいい整体師を見つけた場合、私はこの法則に従って、整体師の評判を周囲に伝え、友人たちをその整体師に紹介する。ほかにも、私の体調を維持してくれる施術師《ヒーラー》がいれば、同じことをするだろう。

私は自分で見つけた新たな癒しの方法をみんなに紹介することで、ほかの人々が健康を手に入れる手助けをする。そうすればみんなの体調がよくなり、整体師も喜び、互いを必要としている人々を結びつけたことで私も幸せになる。

あなたの整体師が優れているなら、友人に紹介し、友人たちにも新たな癒しを享受してもらう義務があなたにはある。これが、黄金律の実践的表明である。


あなたが〝ミリオネアビジョン〟をいだきつづけるのであれば、つぎに紹介する『思考は現実化する』の要約バージョンを読んでほしい。同書はとてつもない部数を売り上げている。

『思考は現実化する』がベストセラーでありつづけるのには理由がある。同書が実際に、世界中の何百万もの人々がビジョンを実現する手助けをしてきたからだ。一度目を通すだけでなく、何度もくり返し読むことをおすすめする。アルファベットも、九九も、一度でおぼえたわけではないだろう。私たちはみな、潜在意識の一部になるまでくり返すことで学んでいく。百万長者になった自分をつねに思い描きつづけることだ。

思考ののちに、物事は起こるのだ。

『思考は現実化する』の重要性

ナポレオン・ヒルは、25年以上の歳月をかけて、ベストセラー『思考は現実化する』を書き上げた。世界恐慌時代に出版されて以来、同書の推定販売部数は1億部から3億部となっている。

この偉大な名著を読んで、どれだけの人の人生が改善したか計り知れない。

だがそれ以上に重要なのは、つぎに紹介する内容があなたにとってどう役立つかだ。あなたの準備が整っていて、必要な時間を割いて読み、読んだ内容について考える気があるのなら、つぎの30分はあなたの人生で最も重要な時間になるかもしれない。

『思考は現実化する』(3) 抜粋

成功するためには、健全なアイデアがひとつあればいい。ここで説明する原則には、有用なアイデアを生み出すための手段と方法が含まれている。

だが、こうした原則に進むまえに、まずはつぎの重要な提言を受け取ってほしい。

富は増えはじめると、急激に、大量に流れ込んでくる。

これまでの不毛な期間、いったいどこに潜んでいたのだろうと思うほどに。

これは驚くべき内容だが、「富は長いあいだ懸命に働いた人にのみもたらされる」という一般論を考慮すると、なおさら意外の感がある。

思考が現実化しはじめると、心の状態や目的の明確さが、豊かさを引き寄せることに気づくだろう。そこにたいした努力は必要ない。あなたも、ほかの人たちも、富を引き寄せる心の状態を獲得するにはどうすればいいかを知りたいはずだ。かくいう私も「裕福な人はいかにして裕福になるのか」を知りたくて、25年間研究に勤《いそ》しんできた。

心して聞いてほしい。この哲学の原則を理解し、それに従って行動するようになれば、あなたの経済状況はすぐにでも改善し、触れるものすべてがあなたの資産へと変わっていく。不可能だと思うだろうか？　とんでもない！

人類の大きな弱点のひとつは、〝不可能〟という言葉に慣れすぎていることだ。うまくいかない法則ばかりを知っていて、できないことばかりを知っている。ここで紹介する原則は、他人に成功をもたらした法則を知りたいと願い、そのルールにすべてを賭けようとする人たちのために書かれたものである。

成功は、成功を意識する人のもとにやってくる。

失敗は、つい失敗を意識してしまう人のもとへやってくる。

私の目的は、みなさんの意識を〝失敗しても仕方ない〟から〝かならず成功する〟に変えるすべを学んでもらうことである。

多くの人が抱えるもうひとつの弱点は、個人の印象や価値観ですべてを、そしてすべての人を評価してしまうことだ。本書の読者のなかには、自分の思考習慣が貧困、欠乏、悲劇、失敗、敗北に染まっているせいで、思考を現実化して豊かになるなど、とうてい無理だと思う人もいるだろう。

こうした不運な人々を見ると、アメリカ式の教育を受けるためにやってきた、ある著名な中国人を思い出す。彼はシカゴ大学に通っていた。ある日、大学のキャンパスでこの東洋の若者と遭遇したハーパー学長は、立ち止まって談笑し、とくに印象的なアメリカ人の特徴は何かと尋ねた。

「そんなの」とその学生は声を張り上げた。「その奇妙な目に決まってますよ。目がたれている！」

私たちは中国人のことを何と言っているだろう？

人は、自分に理解できないことは信じたがらない。私たちは愚かにも、自分の限界が限界の適切な尺度だと思っている。たしかに、相手の目は「たれている」かもしれないが、それは彼らの目が私たちのそれとは異なるからだ。

「欲しいものは手に入れる」

ヘンリー・フォードはかの有名なV8エンジンを製造すると決めたとき、8気筒をひとつにまとめたエンジンを設計するようエンジニアたちに指示をした。デザインはできたものの、エンジニアたちはみな、8つのシリンダーを実際にひとつのエンジンとして構築するのは不可能だと思っていた。

フォードは言った。「とにかくつくってくれ」

「そうは言っても」エンジニアたちは反論した。「不可能です！」

「やるんだ」フォードは命じた。「できるまでつづけてくれ。時間はどれだけかかってもいい」

エンジニアたちは作業に取りかかった。フォードで働くかぎり、それ以外の選択肢はない。だが、半年経《た》っても進展はなかった。さらに半年が経過したが、依然として進展なし。エンジニアたちはこの命令を遂行するために、ありとあらゆることを試みたが、やはりどうやっても〝不可能〟だとしか思えなかった。

年末にフォードが進捗を確認すると、エンジニアたちから再度、方法が見つかりませんという答えが返ってきた。

「つづけるんだ」とフォードは言った。「私は欲しいものは手に入れる」

エンジニアたちが作業をつづけると、あるとき、まるで魔法のひと振りのように、V8エンジン構築の秘訣が明らかになった。

フォードの断固たる決意がまたひとつ勝利を収めたのだ！

この話は多少脚色されているかもしれないが、要旨は合っている。思考を現実化して富を手に入れたいと考えている人は、いまの話からフォードが富を手に入れた秘訣を推測してみてほしい。答えはそれほど難しくない。

ヘンリー・フォードが成功したのは、彼が成功の原則を理解し、実践したからだ。実践した原則のひとつは願望、つまり自分の望みを知ることだ。いまのフォードの話から、彼の偉業の秘密が書かれた個所を選び出してほしい。それができれば、ヘンリー・フォードに富をもたらした原則を指し示すことができれば、それがあなたにふさわしい使命であるかぎり、彼の功績に匹敵する成功を収めることができるだろう。

真実を見つけた詩人

ウィリアム・アーネスト・ヘンリーは「私はわが運命の主人であり、わが魂の指揮官である」という予言的な一節を記したが、むしろ私たちはみな自分の運命の主人であり、自分の魂の指揮官であると教えてくれたらよかったのにと思う。というのも、人は誰しも思考をコントロールする力をもっているからだ。

私たちの脳は心にいだく支配的な思考に引きつけられ、そしてどういうわけか、こうした〝磁力〟は、支配的な思考の性質と調和する力、人々、人生の状況を引き寄せる。

さらに、私たちが莫大な富を手に入れるには、まず富への強い願望を心に引き寄せ、その願望が明確な計画へと昇華するまで「富への意識」を高める必要がある。

ヘンリーはこうした事実を私たちに伝えるべきだったが、詩人であって哲学者ではない彼は、偉大な真実が明らかになったと述べるだけで満足した。とはいえ、いまや間違いないだろう。ここで説明されている原則が、私たちの経済的運命を左右する秘密を握っているのだ。

自分の運命を見出したひとりの若者

さあ、これで最初の原則を検証する準備が整った。この先も心を開き、これが特定の誰かのための発明でないことを胸に留めて読んでほしい。この原則は多くの人のもとで効果を発揮してきた。末永くあなた自身のために、この原則を活用するといいだろう。

難しいことではない。私は以前、ウェストヴァージニア州セーレムのセーレム・カレッジで卒業式の祝辞を述べたことがある。その際、のちほど説明する原則をとくに強調したところ、卒業生のひとりが強く同調し、自身の哲学に取り入れた。やがてその若者は下院議員となり、フランクリン・D・ローズヴェルト政権の重要人物となった。あるとき彼から、その原則に対する自分なりの意見をきわめて明瞭に記した手紙が送られてきた。それを読んだ私は、この原則を記した章への導入に使わせてもらうことにした。この先もたらされる報酬について考えさせられる内容である。

親愛なるナポレオンさま

私は議員としての活動を通じて、男女のさまざまな問題に関する見識を深めてまいりましたが、ここで多くの人に役に立つ可能性のある提案をしたく、この手紙をしためています。

1922年、私が卒業する年、あなたはセーレム・カレッジの卒業式で祝辞を述べました。その祝辞であなたは、私が州の人々に奉仕するきっかけとなる視点を私の心に植えつけました。私が将来どのような成功を収めるにしても、この視点は非常に大きな役割を果たすことになるでしょう。

たいした教育も受けず、お金もなく、影響力のある友人もいなかったヘンリー・フォードがいかにしてあれほどの成功を収めたのか、あなたが語ってくれた驚くべき話をいまでも鮮明におぼえています。あの日、私は心を決めました。あなたのスピーチが終わるまえから、どれほどの困難を乗り越えることになろうとも、きっと自分の居場所をつくってみせると。

何千何万という若者が今年、そして今後数年のうちに学校教育を終えます。彼らひとりひとりが、私があなたから受け取ったような、実際的な励ましのメッセージを求めるでしょう。人生のスタートラインに立つために、何を頼り、何をすればいいのか知りたいと思うでしょう。これまで数多《あまた》の人の問題を解決する手助けをしてきたあなたなら、その疑問に答えることができます。

今日、アメリカにはアイデアをお金に変える方法を知りたがっている人が、資金もなく、ゼロからスタートし、損失を取り戻さなければいけない人が大勢います。彼らを助けることのできる人物がいるとしたら、それはあなたです。

あなたがそうした本を出版されるときは、印刷所から刷り上がったばかりの最初の一冊に、あなたのサインが添えられたものを手元に置きたいと願っています。

心より幸運をお祈りいたします。

ジェニングズ・ランドルフ

あのスピーチから35年後の1957年に、ふたたびセーレム・カレッジで卒業式の祝辞を述べることができたのは光栄だった。二度目のときは、セーレム・カレッジから名誉文学博士号を授与された。

1922年のあのスピーチ以来、私はジェニングズ・ランドルフが米国有数の航空会社の幹部のひとりになり、人の心を動かす著名な講演者になり、ウェストヴァージニア州選出の米国上院議員へと成長していく様子をずっと見守ってきた。

願望：富への第一歩

五十数年前、ニュージャージー州イーストオレンジで貨物列車から飛び降りたエドウィン・C・バーンズは、姿こそみすぼらしかったかもしれないが、思考は王のそれだった。

線路からトマス・A・エジソンの事務所へ向かう道すがら、バーンズの心は忙《せわ》しなく働いていた。気づくとエジソン本人の前に立ち、自分がどうしても叶《かな》えたい望み、この偉大な発明家のビジネスパートナーになりたいという燃えるような願望をエジソンにぶつけていた。

バーンズの願望は希望やただの望みではなかった！　すべてを超越した切実な願望であり、明確な目標だった。

数年後、エドウィン・C・バーンズはエジソンと最初に対面した事務所でふたたび彼と向かい合っていた。ただしこのとき、彼の願望は現実となり、エジソンの共同事業者になっていた。彼の人生を支配していた夢が現実となったのだ。

バーンズが成功したのは、明確な目標を選択し、その目標を叶えるために、エネルギー、意志の力、努力、その他すべてを注いだからだ。

退路を断つ

バーンズが求めていたチャンスを手にするまでに、5年の歳月がかかった。本人以外の全員が、バーンズはエジソンの事業の歯車のひとつにすぎないと考えていたが、バーンズだけは、働きはじめたその日から、ずっと自分はエジソンのパートナーだと思っていた。

これは明確な願望の力を示す特筆すべき事例である。バーンズが目標を叶えられたのは、エジソンのビジネスパートナーになりたいと何より強く望んだからだ。その目標を達成するために計画を立て、後戻りできないよう退路を断った。バーンズはそれが彼の人生を支配する目標となるまでひたすらその願望に執着し、ついに、それを実現したのである。

イーストオレンジに着いた彼は、「エジソンを説得してどうにか仕事を与えてもらおう」とは思っていなかった。そうではなく「エジソンに会ったら、彼とビジネスを始めるためにきたことを本気で伝えよう」と考えていた。

「ここで望みどおりにならなかった場合に備えて、ほかのチャンスにも目を光らせておこう」とは思わず、こう考えていた。「この世で私が求めるものはただひとつ、トマス・A・エジソンのビジネスパートナーになることだ。退路を断って、欲しいものを手に入れるために、自分の能力に将来のすべてを賭けてやる」

バーンズはいっさいの退路を断って、一か八かの勝負に出たのだ！

これがバーンズの成功物語のすべてである。

背水の陣を敷く

遠い昔、ひとりの偉大な戦士がある決断を下した。彼は、戦場での作戦を成功させるために、数でまさる敵軍のもとに兵士たちを送らざるをえない状況に直面していた。自軍の兵士を船に乗せて敵国へと向かった彼は、兵士と装備を降ろすと、自分たちを乗せてきた船を燃やせと命じた。そして最初の戦いのまえに、兵士たちにこう告げた。

「船が煙を上げているのが見えるだろう。つまり、この戦いに勝たないかぎり、生きてこの岸を離れられないということだ！　われわれに選択肢はない。勝つか、滅びるかだ！」

彼らは勝利した。

どんな闘いであっても、勝利する者はみな、みずからの船を燃やし、あらゆる退路を断つ覚悟をしなければならない。そうすることによってのみ、人は成功に不可欠な、勝利への燃えるような願望をいだきつづけることができる。

1871年のシカゴ大火の翌朝、商人たちはステート・ストリートに立ち、煙のくすぶる瓦礫《がれき》を、かつての店舗を眺めていた。彼らは店を再建するか、シカゴを離れていまより有望な地域でやり直すかを話し合った。彼らはシカゴを離れることに決めた。ただ、ひとりをのぞいて。

シカゴに残って再建することを決めた商人は、自分の店舗のあった場所を指さしてこう言った。「諸君、私はまさにあの場所に、世界一の店を建ててみせる。たとえ何度焼け落ちようとも」

これは1世紀近くまえの話だ。その店は再建された。現在、そこには燃えるような願望の力を象徴する巨大なモニュメントがそびえ立っている（訳注／シカゴの老舗百貨店、マーシャル・フィールズのこと。2005年にメイシーズに買収されている）。この百貨店の創業者マーシャル・フィールドが簡単にやってのけたことは、仲間の商人たちにもできたはずだった。だが、苦境に立たされ、先行きに不安を覚えた彼らは、シカゴを引き上げ、楽に見える道を選んだ。

マーシャル・フィールドとほかの商人たちとのちがいをよく見てほしい。これは、成功する者と失敗する者を実質的に区別するものだ。

富の目的を理解できる年齢に達した人はみな、富を望む。望むだけでは富は得られない。だが、富を望むことに執着し、富を獲得するために明確な計画を立て、失敗を認めない粘り強さでその計画を後押しすれば、かならず手に入るだろう。

願望を黄金に変える6つのステップ

富への願望を資産に変える方法は、つぎの6つの明確かつ実践的なステップからなる。

1. いくら欲しいのか、具体的な金額を決める。「お金がたくさん欲しい」と言うだけでは充分ではない。金額を明確にすること。
2. そのお金を得る代わりに何を差し出すか、具体的に決めておく(「ただで手に入るもの」などありえない)。

3. そのお金をいつまでに手に入れるか、具体的な日時を決める。
4. 願望を実現するための明確な計画を立て、準備ができていようといまいと、その計画をただちに実行に移す。
5. 手に入れる予定の金額、入手までの期限、そのために差し出すもの、そのお金を積み上げるためのプランを具体的に書き出す。
6. 書き出したものを1日2回、就寝前と起床時に読む。読みながら、そのお金をすでに所有しているところを思い浮かべ、かならずそうなると信じること。

ぜひともこの6つのステップに従ってほしい。なかでも重要なのは、6番目の指示を守ることだ。

実際にお金を手にしていないのに「お金を所有している」と思うのは無理だと言う人もいるかもしれない。だが、そんなときこそ〝燃えるような願望〟が助けになる。あなたが本当にお金を望み、その願望が執念になるほど強ければ、いずれお金が手に入ると確信するのは難しいことではない。ここで大切なのは、お金が欲しいと望み、かならず手に入れると決意し、絶対に手に入ると確信することである。

1億ドルの価値がある原則

人間の心理の原則を学んだことのない人にとって、こうした指示は非現実的に思えるかもしれない。この6つのステップの合理性を認識できない人は、これがアンドリュー・カーネギーの教えを受け継いだものであることを知っておくといいかもしれない。カーネギーは製鉄所でごく普通の労働者として働きはじめたが、この原則を実践したことで、1億ドルをゆうに超える財産を手に入れた。

また、この6つのステップは、トマス・A・エジソンによって徹底的に精査され、お金を貯めるだけでなく、いかなる目標を達成するためにも不可欠なステップだと太鼓判を押されたことも知っておくといいだろう。

このステップには「重労働」は必要ない。いかなる犠牲を払う必要もない。愚かになったり、すぐ真に受けたりするまでもないし、たいした教育も必要ないが、この6つのステップをうまくやり遂げるには、富の蓄積を偶然や幸運に任せてはいけないことを認め、理解する想像力が必要だ。巨万の富を築いた人はかならず、最初にある程度夢を見て、その実現を望み、願い、欲し、計画を立てている。

お金に対する強烈な願望に身を投じ、絶対に手にできると信じないかぎり、大金を手にすることなどできないと思ったほうがいいだろう。

大きな夢が富に変わる

富を求めて競争する私たちは、自分たちの住むこの変わりゆく世界が、アイデア、手法、リーダー、発明、教育方法、マーケティング方法、本、文学、テレビの呼び物、映画の着想など、すべてにおいて新しいものを求めていることを理解する必要がある。そして、新しい、より良いものを求めるこの世界で勝ち抜くには、絶対に必要な特質がひとつある。それは、目的の明確さだ。つまり、自分の望みを理解すること、それを叶えるために燃えるような願望をもつことだ。

富を築きたいと願うなら、忘れてはいけない。世界の真の指導者たちはつねに、生じるまえの好機という、形のない、目に見えない力を利用・実用化し、その力(思考の衝動）を高層ビル、都市、工場、飛行機、自動車など、あらゆる形の便利なものへとつくり替え、人生を快適にしてきたのだ。

富の分け前を手に入れる計画を立てる際、夢想家を軽蔑するような人は無視してほしい。この変わりゆく世界で大きな賭けに勝つには、過去の偉大な先駆者の精神を汲《く》む必要がある。彼らの夢は文明に価値あるものを、自国の活力となる精神をもたらし、私たちの能力を開花させ、世間に売り込む機会を育んできた。

自分のやりたいことが正しいと信じているなら、迷わずやることだ！　自分の夢を公言し、途中で失敗したとしても〝外野〟の言葉は気にしなくていい。おそらく〝外野〟の人間は、どんな失敗にも同等の成功の種が宿っていることをわかっていないのだ。

トマス・A・エジソンは電気で作動するランプを夢想し、夢を叶えるべく行動を起こした。1万回以上の失敗を重ねても、実現するまでその夢をあきらめなかった。現実的な夢想家は、けっして途中でやめたりしない。

ウィーラン兄弟は葉巻店をチェーン展開することを夢に見て、その夢を実行に移した。その結果、いまや〈ユナイテッド・シガー・ストアズ〉は全米各地で好立地の街角を占めている。

ライト兄弟は空飛ぶマシンを夢に見た。いまでは、その夢が荒唐無稽なものでなかったことが世界中で証明されている。

無線通信を発明したグリエルモ・マルコーニは、形のないエーテルの力を利用するシステムを夢見ていた。その夢が無駄にならなかったことは、世界中のラジオやテレビを見ればわかるだろう。いま聞くと驚くかもしれないが、マルコーニが電線などの物理的通信手段を使わずに、空中でメッセージを送信できる原理を発見したと発表すると、彼の〝友人たち〟はマルコーニを拘束し、精神科の病院で検査を受けさせた。

今日の夢想家たちはもう少しうまくやっている。

世界は、過去の夢想家たちが知るよしもなかった多くの機会に満ちている。

願望が夢を支える

〝こういう人になりたい〟〝こういうことをしたい〟という燃えるような願望を、夢想家は出発点としなくてはならない。関心や情熱や野心がなければ夢は生まれない。

おぼえておいてほしい。人生で成功する人は、誰もが出だしでつまずき、多くの困難を乗り越えてそこに〝たどり着く〟。彼らに転機が訪れるのは、たいてい何らかの危機に直面し、〝もうひとりの自分〟に出会ったときだ。

ジョン・バニヤンは、宗教的見解のせいで投獄され、ひどい罰を受けたのちに、イギリス文学の傑作のひとつ『天路歴程』を書き上げた。

O・ヘンリーは、オハイオ州コロンバスで不運にも服役したのち、自分のなかに眠っていた天賦の才を発見した。逆境のなかで〝もうひとりの自分〟と向き合い、想像力を働かせることを余儀なくされたおかげで、自分が惨めな、社会から見放された犯罪者ではなく、偉大な作家であることに気がついたのだ。

チャールズ・ディケンズの最初の仕事は、靴墨用の容器にラベルを貼ることだった。こうした幼少期の苦難に加え、初恋の悲劇が魂の奥深くへと浸透したことで、彼は世界有数の偉大な作家へと変貌を遂げた。その悲劇は最初に『デイヴィッド・コパフィールド』を生み出し、その後も、読んだ者にとって世界がより豊かで、よりよきものに映るような作品をつぎつぎに生み出していった。

ヘレン・ケラーは生後ほどなくして聴力と言葉、そして視力を失った。だが、これほど大きな困難にもかかわらず、ケラーは偉人として歴史に名を刻んでいる。その生涯は、現実に負けを認めるまで、敗北など存在しないという証《あか》しになった。

詩人のロバート・バーンズは、学のない田舎の若者だった。貧しい家庭で育った少年は、長じて酒飲みになった。そんな彼が世界をよりよい場所に変えたのは、美しい思想を詩に託し、そうすることで棘《とげ》を抜き、代わりに薔薇《ばら》を植えたからである。

ベートーヴェンは聴力を、詩人のジョン・ミルトンは視力を失ったが、ふたりの名はこの世界が存在するかぎり永遠に残りつづけるだろう。それというのも、彼らが夢をいだき、その夢を系統だった思考に変換したからだ。

何かを望むことと、それを受け取る覚悟ができていることはちがう。望むものを手にできると本気で信じなければ、手にする覚悟は生まれない。希望や願いではなく、そうなると信じることが必要なのだ。信念に不可欠なのは心を開くことである。心を閉ざすと、信仰も、勇気も、信念も呼び覚まされない。

おぼえておいてほしいのは、人生で高みをめざし、豊かさと繁栄を求めるのに、不幸や貧困を受け入れるほどの努力は必要ないということだ。ある偉大な詩人が、この普遍的真理を以下の短い詩で的確に表現している。

私は人生に1ペニー欲しいと掛け合った
だが人生はこれ以上支払おうとはしない
それでも、私は晩に懇願した
自分の貧しい店の売り上げを数えたときに。
単なる雇用主である人生は
あなたが求めるものを与えてくれる
けれど一度賃金を決めてしまうと
ああ、その仕事に耐えねばならない。
つまらない仕事に身を捧げ
やがて、失望する
私がどんな賃金を求めても
人生は喜んで支払ってくれたのに、と。

願望は〝不可能〟を可能にする

本章も佳境に入ったところで、私が知るなかでもきわめて奇特な人物を紹介したい。彼に初めて会ったのは、彼が生まれて数分後のことだ。彼は耳をもたずに生まれきた。私が医師にそのことを問いただすと、この子は一生何も聞こえず口がきけないかもしれないと告げられた。

私は医師の意見に反論した。私にはその権利があった。私はその子の父親だったのだ。そして私も結論を下し、意見を述べた。ただし、胸の内でこっそりと。

胸の内では、息子が聞くことも、話すこともできるようになるとわかっていた。なぜか？　かならず方法があるはずだし、それを見つけられると信じていたからだ。私は、いまなお読み継がれているラルフ・ウォルド・エマソンの言葉を思い浮かべた。

「すべての出来事は私たちに信仰を教えてくれる。私たちはただ従えばいい。それぞれに導きがあり、謙虚に耳を傾ければ、正しい言葉が聞こえるはずだ」

正しい言葉とは何か？　強い願望だ！　私は何より、息子に音を認識できるようになってほしいと願っていた。その願望について一瞬たりとも妥協したことはなかった。

では、私にできることは？　耳の助けを借りずに脳に音を伝える方法や手段が欲しい、そんな私の燃えるような願望を息子の心に植えつける手立てを探すことだ。

私は息子の物心がつくや〝自然がそれぞれの方法で奏でる音を聞いてみたい〟という燃えるような願望で息子の心を完全に満たした。

すべては、私が心のなかで考えていたことだ。誰かに話したことはない。毎日、「息子を聴覚障害者にはしない」という決意を新たにしていた。

息子が成長し、周囲に注意を向けるようになると、わずかに聞こえているらしいことが見て取れた。一般的に子どもが話しはじめる年齢になっても話そうとはしなかったものの、息子の動きから、特定の音がかすかに聞こえていることがわかった。それこそまさに、私が知りたかったことだ！　少しでも聞こえるなら、そこからさらに聴力を高められる可能性がある。そんなとき、希望となる出来事が起こった。それはまったく予期せぬところからやってきた。

道を見つける

私たちは蓄音機を買った。初めて音楽を聴いた息子はすっかり心を奪われ、すぐにその機械を独占した。ある日、息子は蓄音機の前に立ち、その機械の端を噛みながら、2時間近く同じレコードをかけていた。息子が自力で生み出したこの習慣の重要性に私たちが気づくのは、何年も先のことだ。当時はまだ「骨伝導」の原理を知らなかったのだ。

息子が蓄音機を独占するようになってまもなく、息子の頭蓋骨の基部にある乳様突起に唇を当てて話すと、私の声がよく聞こえているらしいことがわかった。

息子に自分の声がはっきり聞こえていることを確信した私は、聞きたい、話したいという願望が息子の心に芽生えるよう訴えかけた。そしてほどなく、息子が寝るまえのお話を楽しんでいることに気づくと、自立心、想像力、みんなと同じように聞きたいという強い欲求を育むような物語をつくる仕事にとりかかった。

とりわけ、ある物語を話して聞かせる際は、毎回新鮮でドラマティックな彩りを加えて強調した。それは、彼の苦しみは重荷ではなく、大きな価値のある財産なのだと思わせるような物語だった。ただ、それまで読んだ哲学書には、あらゆる困難にはそれに匹敵する利点の種が備わっていると明記されていたにもかかわらず、このときの私には、息子の困難をどうしたら財産にできるのかまったくわかっていなかった。

誰も彼を止められない

振り返って当時の状況を分析すると、息子の私に対する信頼が、この驚くべき結果に大きく寄与していたことがわかる。息子は、私の話をまったく疑っていなかった。私は彼に、おまえは兄さんとは異なる強みをもっていて、この強みはいろいろな場面で生かされると言って聞かせていた。

たとえば、息子の耳がないことを知った学校の先生たちは、息子に目をかけ、とても親身に接してくれた。いつだってそうだった。また私は、もう少し大きくなって新聞売りができるようになったら（兄はすでに新聞売りをしていた）、兄よりずっとうまくやれるだろうという話もした。両耳がないにもかかわらず、まじめに働く聡明な少年を見たら、人々はきっとたくさんチップをくれるはずだからだ。

息子が7歳になったころ、彼の心を〝プログラミング〟するこの手法が実を結んだという、最初の証拠が示された。息子は母親に新聞売りをしたいと何カ月も頼んでいたが、許可を得られないでいた。

そしてとうとう、自分で問題を解決した。ある日の午後、使用人たちと家で留守番をしていた息子は、台所の窓をよじ登って家を抜け出した。そして近所の靴屋から元手となる6セントを借りると、新聞を買って、売って、そのお金でまた新聞を買っては売ることを暗くなるまでくり返したのだ。借りた6セントを返すと、残りの利益は最終的に42セントになった。その夜私たちが家に帰ると、息子はそのお金をしっかり握りしめたまま、ベッドで眠っていた。

その手を開いてコインを取った母親は、こともあろうに泣き出した。息子の初めての勝利に対してこれはあまりに理不尽に思えた。私の反応は逆だった。心の底から笑ったのだ。息子におのれを信じるよう言い聞かせつづけた自分の努力が報われたことがわかったからだ。

母親は、息子の初の事業を、耳の聞こえない幼い少年がお金を稼ぐために通りに出て、その身を危険にさらしたと考えていた。父親である私のほうは、みずからの意志で仕事に飛び込み、成功を収め、それによって自身への信頼を100パーセント上昇させた、勇敢で、野心的で、自立した小さなビジネスマンの姿を息子に見ていた。私がこの成功をうれしく思ったのは、息子には機知が備わっていて、この先も知恵と工夫で人生を歩んでいけるとわかったからだ。

その後、息子はたまたまある電気式補聴器を手に入れた。試用器として送られてきたものだ。それまでも同様の機械を試して失望していた息子は、すぐにはその機器を試そうとはしなかった。だがようやく手に取り、無造作に頭に装着して、なんとなく電源を入れてみると、ああ！　まるで魔法のひと振りのように、普通に音を聞きたいという生涯の願望が現実となった！　生まれて初めて、健聴者と同じように聞くことができたのだ。

補聴器がもたらした世界の変化に感激し、急いで母親に電話をした息子は、母親の声を完璧に聞くことができた。翌日、教室でも教授たちの声がはっきりと聞こえ、人生で初めて、相手に大きな声を出してもらわなくても普通に会話をすることができた。

まさしく、息子は一変した世界を手に入れたのだ。

願望は報われつつあったが、彼のめざす勝利にはまだ届いていなかった。息子は、自分のハンディキャップを相応の財産に変える現実的な手段を見つける必要があった。

〝耳の聞こえない〟少年が人助けをする

新たに見つけた音のある世界に夢中になった彼は、自分の達成したことの重大性にほとんど気づかぬまま、自分の経験を熱心に書きつづった手紙を補聴器メーカーに送った。するとその手紙がきっかけで、彼はニューヨークに招待された。ニューヨークに着き、工場内を案内され、チーフエンジニアに世界が一変したことを伝えていたときだった。ある予感が、アイデアが、インスピレーションが（呼び方は何でもいいが）、彼の脳裏に閃《ひらめ》いた。それは思考の衝動であり、これが彼の困難を財産に変え、この先、多くの人に富と幸福をもたらすことになる。

その思考の衝動とは、簡単に言うとこういうことだ――補聴器の恩恵を受けずに暮らしている大勢の耳の聞こえない人に、世界が一変した自分の経験を伝えられれば、その人たちを助けられるかもしれないと思いついたのだ。

その後、補聴器メーカーのマーケティングシステムを分析しながら、まる1カ月かけて徹底的に調査をおこない、世界中の聴覚障害者に自分の経験を伝えるにはどうすればいいか考えた。考えがまとまると、自分の発見をもとに2カ年計画を文書にしたためた。その計画書を補聴器メーカーに提出すると、彼の野望を実現するための役職が即座に与えられた。

当初息子は、助けがなければ永遠に音のない世界で暮らしたかもしれない大勢の人たちに、自分が希望と現実的な救済をもたらすことになるとは夢にも思っていなかった。

彼の母親と私が、人生を前向きに生きていくよう育てなければ、息子のブレアは間違いなく、一生耳が聞こえないままだっただろう。

私が息子の心に、聞きたい、話したい、普通の人として暮らしたいという願望を植えつけたことで、息子のなかの衝動が不思議な力を発動し、自然がかけ橋となって、彼の脳と外界との間にある沈黙の溝を埋めたのだ。

実際、燃えるような願望は、それ自体を物理的に等価なものに変える巧妙な手段をもっている。正常な聴力を欲していたブレアは、現実にそれを手に入れたのだ！　ハンディキャップを背負って生まれてきた彼は、ともすれば明確な願望をもたないまま、鉛筆の束とブリキのコップをもって通りで物乞いをしていたかもしれない。

私が幼い息子の心に植えつけた〝善意の嘘《うそ》〟は、息子の抱えた困難がいずれ大きな財産になると信じさせることで正当化された。実際のところ、信念と燃えるような願望に実現できないものはない。こうした特性は、誰でも自由に利用することができる。

アイデアが財産になる

アイデアはあらゆる富への入り口だ。アイデアは想像力の産物である。これから巨万の富をもたらした有名なアイデアをいくつか見ていくが、こうした事例から、想像力を用いて富を築く方法がきちんと伝わることを願っている。

材料がひとつ足りない

50年前、町へやってきた田舎の老博士が、馬をつないで薬局の裏口からそっと店内へと入っていき、なかにいた若い店員と〝交渉〟を開始した。

老博士と店員は、処方箋カウンターの裏で声をひそめて1時間以上話し合った。やがて博士が店を出ていった。馬車に乗って出かけた博士は、昔ながらの大きなやかんと、巨大な木製のへら（やかんの中身をかき混ぜるのに使う）を携えて戻り、店の奥に置いた。

店員はやかんを確認すると、ポケットから札束を取り出して博士に渡した。札束の金額はちょうど500ドル。店員の全財産だ！

博士は、秘密の処方箋が書かれた小さな紙切れを手渡した。そこに書かれた言葉には王様の身代金に相当する価値があった！　だが、博士にとってはそうではなかった。やかんを沸騰させるにはその魔法の言葉が必要だったが、博士も若い店員も、やかんからどれほどすばらしい幸運があふれ出すことになるのか、このときはまだ知るよしもなかった。

老博士は５００ドルで嬉々としてその一式を売った。店員はただの紙切れと古いやかんに全財産を賭け、大きなチャンスを手に入れた！　彼は自分のこの投資によってやかんから黄金があふれ出し、いずれアラジンのランプの奇跡を超えることになるとは夢にも思っていなかった。

店員が実際に購入したのは、アイデアだったのだ！

古いやかんと木製のへら、そして紙に書かれた秘密のメッセージは、単なる付属物にすぎなかった。古いやかんが真価を発揮しはじめたのは、新たなオーナーが秘密の指示書に、老博士の知らなかった材料を掛け合わせたときだった。

では、やかんから黄金があふれ出した理由が、この若い男が秘密のメッセージに加えたものが何だかわかるだろうか。これは小説より奇妙な、ひとつのアイデアからはじまった実話である。

このアイデアが生み出した莫大な富を見てみよう。それは、やかんの中身を世界中の何百万という人々に流通させている男女に巨額の財産をもたらし、いまなおもたらしつづけている。

この〈古いやかん〉は現在、世界最大級の砂糖消費業者となり、サトウキビ栽培や砂糖の精製や販売に従事する数百万人の男女に仕事を提供している。

この〈古いやかん〉は毎年何百万本ものガラス瓶を消費し、大勢のガラス製造者たちに仕事を与えている。

この〈古いやかん〉は、全国の事務員、速記者、コピーライター、広告業者の雇用を支えている。この製品のすばらしいイラストを生み出した多くの芸術家たちにも、富と名声をもたらしてきた。

この〈古いやかん〉は南部の小さな町を南部のビジネスの中心地に変え、いまでは直接的または間接的に、街のすべての事業や住民に実質的に利益をもたらしている。

このアイデアの影響は現在、世界中の国に利益をもたらし、触れた者全員に黄金の恩恵をもたらしつづけている。

やかんからあふれ出した黄金は、南部有数の名門大学を建設し、維持し、何千人もの若者たちがそこで成功に不可欠な訓練を受けている。

もしこの古い真鍮のやかんから生まれた製品が話せたら、さまざまな言語でスリリングな物語を聞かせてくれることだろう。恋愛物語、仕事の武勇伝、この製品に日々刺激を受けながら働く男女の冒険譚《たん》。

　筆者もその手の物語を知っている。というのも、身をもって体験したからだ。すべては、薬局の店員が古いやかんを購入したまさにその場所からほど近いところで始まった。ここで妻と出会い、魔法のやかんの話を彼女から聞いた。そして「病めるときも健やかなるときも」自分を受け入れてくれないかと彼女にプロポーズした際に飲んでいたのも、やかんから生まれた製品だった。

　あなたが誰であろうと、どこに住んでいようと、どんな仕事をしていようと、この先〈コカ・コーラ〉という言葉を目にしたら、莫大な富と影響力をもつこの巨大な帝国がたったひとつのアイデアから成長を遂げたことを思い出してほしい。そして、薬局の店員エイサ・キャンドラーが秘密の処方箋に混ぜた謎の材料が、想像力だったことを。

　それについて、ちょっと立ち止まって考えてみてほしいのだ。

　それからもうひとつ、〈コカ・コーラ〉もまた、本書で紹介している富へのステップを経て、世界中の都市、町、村、十字路へとその影響力を広げていったことをおぼえておいてほしい。〈コカ・コーラ〉と同じくらい健全で有益なアイデアを思いつけば、あなたも世界中の渇きを癒すこの大企業の偉業を再現できるかもしれない。

1週間で100万ドルを手に入れる

この物語は「意志あるところに道はある」という古い格言が真実であることを証明する。この話は、シカゴの牧草地帯で説教師としてのキャリアをスタートさせた、敬愛すべき教育者にして聖職者だった故フランク・W・ガンサウラスが私に語ってくれたものである。

ガンサウラス博士は、大学在学中、自国の教育制度が欠点だらけであることに気がついた。そしてその欠点は、自分が大学のトップであれば正せるはずだと考えた。

そこで彼は、従来の教育方法にとらわれることなく、自分のアイデアを実現できる新たな大学をつくろうと決心した。

だがそのプロジェクトを実行するには、100万ドルが必要だった！　はたしてそんな大金をどこで調達すればいいのだろう？　若く野心的な説教師にとって、それがいちばんの問題だった。

しかもその問題は一向に解決されそうになかった。

彼は毎晩ベッドのなかで頭を悩ませた。朝目覚めてからも、外出先でもそのことばかり考えていた。そして頭のなかで延々とくり返すうちに、その問題解決に執念を燃やすようになった。

説教師であり、哲学者でもあったガンサウラス博士は、人生の成功者にならって、まずは明確な目的を設定しなければいけないことに気づいた。さらに、明確な目的には、その目的を実現したいという燃えるような願望に支えられた気力、活力、パワーが必要であることにも気がついた。

だが、こうした真実は理解できたものの、どこで、どうやって100万ドルを手に入れればいいかはわからなかった。普通なら「そうか、アイデアはよかったけれど100万ドルは調達できないから、どうしようもない」とあきらめるのが自然だろう。これはまさに大多数の人が口にする台詞《せりふ》だが、ガンサウラス博士はちがった。博士の言動はきわめて重要なため、ここからは彼自身に語ってもらおうと思う。

「ある土曜の昼下がり、自室に座り、自分の計画に必要な資金をどう集めようかと考えていた。すでに2年近く考えつづけていた私は、そこではたと気がついた。自分は考えることしかしていないではないか！

私はその場で、１週間以内に１００万ドルを手に入れることを決意した。方法は？ それについては気にしなかった。重要なのは、決められた期限内にお金を手に入れると決心したことだ。それを決めた瞬間、これまで経験したことのない奇妙な安心感を覚えたことを伝えておきたい。私のなかの何かがこう言っているようだった。『どうしてもっと早く決断しなかった？ お金はずっとおまえを待っていたのに！』

そこからは急展開だった。私は新聞社に電話し、翌朝〈私に１００万ドルあったら何をするか〉と題した説教をすると発表した。

すぐに説教の準備に取りかかったが、正直に言って、その仕事は難しいものではなかった。ここ2年、ずっとその準備をしていたからだ。

私は早々に説教を書き上げると、自信をもって眠りについた。すでに自分が１００万ドルを手にする姿が見えていた。

翌朝、早くに目覚めると、説教を読み返し、ひざまずいて、この説教が必要なお金をもたらしてくれる人のもとに届くことを願った。

祈りを捧げていると、お金がまもなく手に入るという確信がふたたび私のなかに湧き起こった。興奮のあまり、私は説教を書いた紙をもたずに出かけてしまい、いよいよ説教が始まるという段になってようやくそのことに気がついた。

メモを取りに戻る時間はなかった。だが、戻れなかったのが幸運だったのだ！　私の潜在意識が、私の必要とする言葉を紡ぎ出してくれた。説教台に立つと、私は目を閉じ、心と魂を込めて自分の夢を語った。あのとき、聴衆に向けて語りかけただけでなく、神とも話していたように思う。私は、100万ドルが手に入ったらどうするかを話した。若者が実践的な事柄を学び、と同時に心を成長させることのできる、すばらしい教育機関を設立するという構想を詳しく説明した。

説教を終えて席に着くと、後ろから3列ほどの席に座っていたひとりの男性がゆっくり立ち上がり、説教台のほうへ近づいてきた。何をするつもりだろうと思っていると、男性は私のもとへやってきて、手を差し出してこう言った。『牧師さま、すばらしい説教でした。100万ドルあれば、あなたはきっといま言ったことをすべて実現してくださることでしょう。私があなたとあなたの説教を信じた証しとして、明日の朝、私の事務所で100万ドルをお渡しします。私の名前はフィリップ・D・アーマーです』

若きガンサウラスは、アーマー氏の事務所へ行き、100万ドルを受け取った。彼はそのお金で現在のイリノイ工科大学の前身であるアーマー工科大学を設立した。

必要だった100万ドルは、ひとつのアイデアからもたらされた。そのアイデアが生まれた裏には、若きガンサウラスが2年にわたって温めつづけてきた願望があった。

つぎの重要な事実に注目してほしい。彼はお金を手に入れるという明確な決断を下し、それを実現させるための明確な計画を立てると、36時間以内に必要なお金を手に入れたのだ！

若きガンサウラスが漠然と100万ドルについて考え、なんとなく手に入れたいと思っていただけなら、そこには何の目新しさもない。昔から、彼と同じようなことを考えていた人は大勢いたはずだ。だが、あの記念すべき土曜日に彼が下した決断は、ほかとは一線を画していた。いっさいの曖昧さを排して「1週間以内にお金を手に入れる！」と断言したのだ。

ガンサウラス博士が100万ドルを手に入れた原理は、いまなお有効だ。あなたにだって活用できる。この普遍的な法則は、若き説教師が見事に活用してみせたように、いまでも効果を発揮する。

注記

1. Don Green, *Perspective from the Coalfields* (Guest Writer, September 18, 2003)
2. Napoleon Hill, "A Golden Rule Thought," *Napoleon Hill's Magazine.*
3. Napoleon Hill, *Think and Grow Rich* (Copyright 1966, 1960, 1937 by the Napoleon Hill Foundation. Published by Hawthorne Books, Inc., New York, NY)(ナポレオン・ヒル『思考は現実化する』)

5章

粘り強くありつづける

本当に望む人生を築く際、粘り強くあれるよう助けてくれる成功の原則はたくさんある。以下の引用や通説は、あなたのミリオネアビジョンの一環として、読み、考え、記憶すべき知恵の集大成である。

目標を達成するための下準備も大事だが、忍耐力はそれよりはるかに重要だ。

行動するまえにすべての答えを求める人は、けっして大成しない。

価値ある目標を設定したら、つぎのステップは、いまいる場所から踏み出すことだ。偉業というのは往々にして、単純なステップの積み重ねで成し遂げられてきた。美しいダイヤモンドは、傷をとりのぞく絶え間ない研磨のすえに完璧となる。忍耐が貴重な宝石を生むのである。

「悪銭身につかず」と言われるように、容易に手に入るものは、努力を伴うものよりたいてい価値が低い。

決断は強力なツールである。成功者はみな忍耐強く、それが成功のはしごをのぼる一助となっている。目的のない人は、きっと人生でつまずくことになる。

人生最大の成果は、シンプルな手段やありふれたスキルの活用によってもたらされることが多い。

人生に目的がある人は、成功への道を歩んでいける。経験と自己改善を大切にするからだ。

多くの人とはちがって、幸運の目は節穴ではない。目的をもって生きている人は、幸運が勤勉な人の味方であることに気づくだろう。注意力、常識、努力、忍耐力といった特徴は、成功にとって最も有用なものである。

サー・アイザック・ニュートンは、どんな方法で数々の発見をしたのかと尋ねられると

「それについてつねに考えることだ」と答えた。ニュートンは発見についてつぎのように述べている。「対象となるものをつねに自分の前に置き、最初の夜が少しずつ、ゆっくりと明けていき、やがて完全な日の光が差し込むまで待ちつづける」。勤勉な努力と忍耐力があったからこそ、ニュートンをはじめとする偉大な発明家の成功は保証されたのだ。

「大半の人が大きな幸運に恵まれないのは、失敗に終わった計画に代わる新たな計画を考え出す粘り強さがないからだ」

——ナポレオン・ヒル

敗北は自分の内にだけある。克服すべき課題は、目的への内なる思いの弱さだけである。

失敗と友人になる

拒絶のいいところである失敗は、受け止めるのが難しいかもしれないが、粘り強さによって好転することもある。

失敗によってさんざんな目に遭う可能性は否定できない。お金や地位を失い、さらには夢がついえたように思えるかもしれない。失敗をそのままにしておけば。

失敗を克服するには、失敗を目標達成までの一時的な挫折にとどめておくことだ。

失敗には利点もあり、その利点を自分の強みに変えることもできる。これについてはソニー・インターナショナルのコンサルタント、デイヴィッド・ドリスコルが見事に言い表している。「失敗のひとつめの利点は、われわれをしぶとく、強くし、困難から立ち直る力を与えてくれることである。ふたつめは、失敗した原因に意識を向けるようになることだ。われわれは結果や目的を見直し、失敗を克服するためにますます真剣に取り組むようになる。

方向性を変えるには、そんなネガティブなフィードバックが欠かせない。失敗はやり方を変え、まったく異なるアイデア、進路、動きに挑戦する機会を与えてくれる。失敗したときに取るべき道はふたつある。ひとつは、『ああ神よ、私たちはあとどれだけ苦しまなければならないのですか?』と嘆くこと。もうひとつは、『しまった、また間違えた』と自分を奮い立たせ、考えること。そこには自己憐憫《れんびん》も罪悪感も必要ない。気を取り直して、別の角度からもう一度挑戦すればいい」

ドリスコルは3つめの利点として、失敗が成功の足がかりになることを挙げている。「挑戦しつづけるかぎり、失敗すればするほど成功の確率は高くなる。これは平均と確率の法則に基づいたゲームだ。にもかかわらず、われわれはこれを個人的なものにしてその確率をひっくり返してしまっている。4つめにして最後の利点は、失敗することで謙虚な気持ちを新たにし、心のゆとりをもてるようになることだ。人生とは、ユーモアをもって挑むべき冒険である。失敗は楽しむべきものだ。失敗はわれわれの客観性を形成する。失敗はわれわれのアイデアからゴールまでの距離、課題を受け入れてから達成するまでの距離を示してくれる。以前、ある部門のマネジャーに、特定のポジションにどんな人材が欲しいか尋ねると、こんな答えが返ってきた。『傷のある人物が欲しいです』。私は何度かの失敗を経て、ようやく彼の真意を理解した。いまでは彼がいかに賢明だったかがわかる」

失敗は成功のもと

作家活動の初期に手痛い失敗をしたジャック・ロンドンは、サンフランシスコのクリーニング店でシャツにアイロンをかけて生計を立てていた。失望のあまり筆を折ろうと思うこともあったが、自分を信じて耐え忍んだ。アラスカ州でのゴールドラッシュをめぐる冒険をもとに物語を書きつづけ、ついに出版にこぎつけたロンドンは、『野性の呼び声』によって、とうとう富と名声を手に入れた。

作詞家のロレンツ・ハートやオスカー・ハマースタイン2世とのコンビによる作品（『南太平洋』『回転木馬』『王様と私』『サウンド・オブ・ミュージック』）で米国音楽界の伝説となったリチャード・ロジャーズは、若かりし日に引き受けた仕事でことごとく失敗した。週50ドルで子ども用下着の販売の仕事に就き、作曲をあきらめかけた時期もあったが、それでも失敗にめげず、明確な目的を追いつづけた結果、ブロードウェイから作曲の依頼が舞い込んだ。ロジャーズはその粘り強さによって成功への道をまっすぐ進むことができたのだ。

歴史上有名な〝失敗者〟のひとりと言えば、エイブラハム・リンカンだろう。彼は店員としても、ビジネスマンとしても、軍人としても失敗し、弁護士になっても大成しなかった。それでも失敗にめげることなく、政治の世界に自分の活躍の場を見出した。

ハンフリー・ボガートは、教師を噴水に投げ込んで高校を退学になるような、とんでもないはみ出し者だった。父親は彼に医者になってほしいと思っていたが、ボギーはウォール街のブローカーとしても、小型船の検査官としても失敗した。週50ドルでショービジネスのステージマネージャーにも挑戦したが、解雇された。俳優に転向した際も、下男役を演じた初舞台で、初日の夜にうっかり皿の載ったトレイを落としてしまった。だがそこであきらめなかったボガートは、やがて俳優として高い評価を得て、映画界のレジェンドとなった。

失敗は成功のもとである。あなたが自分を信じなければ、いったい誰が信じるというのか?

クラーク・ゲーブルは、オハイオ州アクロンのタイヤ工場の組み立てラインで危うくクビになるほどの大失態をしでかした。その後、石油業者としても大失敗に終わった。だが友人の助言に従って演技に挑戦すると、最終的に大金持ちの大物映画スターになった。

失敗は成功のもとである。何かに失敗したら、別のことを試せばいい。

努力が報われないと、私たちは大いに失望する。つぎこそうまくいくと信じて全力を尽くした結果、またもや失敗し、それを何度もくり返すうちに、やがて再スタートを切るのが難しくなっていく。だが、そこであきらめてはいけない。何度でも挑戦すべきなのだ！

ハーランド・サンダースは、１８９０年にインディアナ州の小さな町に生まれ、成功を収めるまでに、路面電車の車掌、兵士、農夫、料理人、鉄道消防士、保線作業員、保険代理店、蒸気船のプロモーター、ガス灯製造、タイヤ販売員、ガソリンスタンドの経営など、多くの職を転々とした。やがて、ガソリンスタンドにカフェを併設し、自家製のスナックをガソリンスタンドに立ち寄るドライバーに販売するようになった。ケンタッキーフライドチキンの特別なレシピは、最終的に彼に莫大な富をもたらし、その顔とヤギひげは、サンタクロースと同じくらい有名になった。

いまはまだ成功しておらず、自分の得意分野を見つけられていない人にとって、おそらくいちばん重要なのは、努力をつづければ、いずれ成功できると信じることだ。

すべての失敗から学んでほしい。過ちや不運から学ぶことができれば、次回、何をすべきでないか、何に手を出してはいけないかがわかるだろう。

成功を手にするには、〝得意分野〟や人生の居場所を見つけるのと同じく、往々にして遠回りが必要だ。自分の得意なことや、成功できそうなことは、そう簡単には見つからない。成功への道や、最高の居場所を見つけるには、回り道はつきものだ。とはいえ、いつまでもぐずぐずしてはいられない。つまずいて道から外れたら、気を取り直して、運命へとつづく道に戻らなければいけない。

『オズの魔法使』のドロシーが黄色いレンガ道にとどまるように、私たちも大きな、明確な目的をつねに胸に留めておく必要がある。と同時に、ときには道を外れ、最終的に私たちを目的地へ、願望と夢のエメラルドの都へと導いてくれる脇道を探検する覚悟も重要だ。

『オズの魔法使』と言えば、もし〈虹の彼方に〉の作詞家エドガー・イプセル・〝イップ〟・ハーバーグが失敗に打ちのめされていたら、この歌は生まれなかっただろう。彼はビジネスで失敗し、経営していた電機会社が倒産すると、25万ドルの借金を抱えることになった。

「鉛筆と少しの手回り品だけをもって出発しました」とハーバーグは振り返っている。「現実を直視して歌詞を書こうと決めたのです」。この決意がブロードウェイや、映画の世界へと彼を導き、のちに〈パリの四月（April in Paris）〉や〈虹の彼方に〉を生むことになる。後者はジュディ・ガーランドをスターに押し上げ、自身もこの曲で財を成した。

テレビ業界で最もユーモラスかつ裕福だったコメディエンヌ、ルシル・ボールは、ショービジネスの世界に入った当初、演劇スクールの落ちこぼれだった。失敗の一因は、彼女が同じクラスの、同じく駆け出しの若手女優、ベティ・デイヴィスに魅せられていたせいだ。「ベティ・デイヴィスと比べると恐ろしくて、自分はなんて無力なんだろうと思いました」と、ボールは後年語っている。「しばらくして、ショービジネスでの最初の仕事『アール・キャロルのヴァニティーズ』で踊る仕事をクビになり、ジーグフェルドのミュージカル『リオ・リタ』では第三巡業団のコーラス隊にも入れませんでした。だから、家賃を払うためにブロードウェイのレキソール薬局でソーダを売って、モデルの仕事も引き受けました。そんなとき、さらに追い打ちをかけるように、関節リウマチになって2年ほど動けなくなりました。それでも私は努力して、エディ・カンター主演の映画で役を勝ち取りました。それから10年間、映画の端役を演じつづけ、ようやくあの子は面白いと認めてもらえるようになったのです」。ルーシーは自分を信じて耐え抜いた。この苦労は、1951年にドラマ『アイ・ラブ・ルーシー』がヒットしたことで報われ、ここから彼女のテレビ業界での驚異的な成功が始まった。それから約10年後、富を得た彼女は、自分が最初に出演した映画スタジオを購入した。

ジェイムズ・スチュアートは、やせっぽっちで平凡なルックスのせいで、映画業界で働きはじめた当初は、ほとんど仕事がなかった。それでも懸命に努力し、粘り強く働いたおかげで、最も裕福で有名な映画スターのひとりになった。友人たちは彼のことを「筋金入りのしぶといやつ」と呼んでいた。

ロナルド・レーガンの映画俳優としてのキャリアは、第二次世界大戦からの帰還後に失墜した。有望なスターだった彼は、B級冒険映画に出演するようになった。だがレーガンは落ち込まなかった。テレビに転向し、新たに名を上げると、政界に進出した。その後のサクセスストーリーは周知のとおりだ。その前向き《ポジティブ》な姿勢と明るい性格のおかげで、米国史上指折りの人気を誇る大統領となったのだ。

挫折は強みに変えられる

拒絶や挫折に負けることなく努力をつづけられる人は、その粘り強さによって存分に報われる。追い求めているものが何であれ、努力の報酬として目的を達成することができるのだ。

それだけではない！　物質的な報酬よりもはるかに大切なもの――「どんな失敗にも同

等の強みの種が宿っている」という知識を得ることができる。これがどういうことか、いくつか事例を紹介したい。

サンフォード・D・グリーンバーグはニューヨークで生まれた。父親はポーランド生まれの仕立屋だったが、グリーンバーグがわずか5歳のときに他界した。母親は店員として働き、息子ふたりと娘を養った。グリーンバーグは奨学金を得てコロンビア大学に進学したが、3年生のときに緑内障でほとんどの視力を失ってしまう。

始まるまえから終わってしまったと考えてもおかしくない状況だったが、グリーンバーグはあきらめなかった。片目の視力がなく、もう片方もほとんど見えない状態で、奨学金を獲得して大学を卒業し、学士号を取得した。その際、コロンビア大学でファイ・ベータ・カッパ（訳注／米国最古の学術系名誉団体。学業成績が優秀な学生が会員に選定される）にも選出されている。さらにハーヴァード大学で修士号と博士号を取得し、その後もオックスフォード大学やハーヴァード・ロースクールで研究をつづけた。

グリーンバーグの将来設計は、挫折とは無縁だった。彼は歴史と法律を教えたのち、視覚障害者を支援するための電子音声圧縮システムを開発した。その後、リンドン・ジョンソン大統領の科学顧問を務め、最終的に、数百万ドル規模のコンピューター会社、EDP

テクノロジーを設立、代表取締役に就任した。

グリーンバーグは目の障害を強みに変え、自身の経験を活かして目の不自由な人を支援するサービスを考案し、それによって百万長者の起業家となったのだ。

フィル・ドナヒューはラジオかテレビのアンカーをめざしていたが、何度もニュースキャスターのオーディションに落ち、なかなかテレビ業界に入ることができなかった。だが、銀行員として働きながら努力を重ねてきた彼に、ついにチャンスが訪れる。ミシガン州エイドリアンの小さなラジオ局でアナウンサーとして採用されたのだ。その仕事がきっかけで、オハイオ州デイトンの朝のニュースを伝える仕事を任されるようになり、そこからインタビュアーとしての才能が開花していく。アンカーとしては日の目を見なかったものの、仕事を通じて、ドナヒューには別の才能があることが明らかになった。人と話すことに長《た》けていたドナヒューは、その後、トークショーで幅広い活躍を見せるようになる。彼は失敗を強みに変え、さらに一段上のキャリアを築き、富と名声を手に入れた。

女優のキャサリン・ヘプバーンは、若いころに成功を収め、アカデミー賞を受賞した。ところが数年後、彼女に対する観客の興味は薄れ、「box office poison（客を呼べないスター）」と呼ばれるようになる。映画プロデューサーは彼女を使おうとせず、彼女のキャリアは終わったかに見えた。だが、前向きな性格でバイタリティにあふれていたヘプバーンはあきらめなかった。ブロードウェイに転向すると、すぐに『フィラデルフィア物語』で大成功を収め、ハリウッドで同作の映画版に主演し、その後も3つの作品でオスカーを獲得、映画業界の偉大なスターのひとりとなり、伝説の幕を開けた。彼女の哲学は？「言い訳をしないこと！　努力しつづけること！」

キャサリン・ヘプバーンは映画での失敗を逆手に取り、ブロードウェイで新たなキャリアを築くと、さらに偉大なスターとなった。「私たちはチャンスに囲まれている」と彼女は言う。「それってわくわくしない？　小さなチャンスや大きなチャンス。誰もがもっている。それをうまく使うには、最大限活かすにはどうすればいいか。彼も、彼女も、私たちも、それぞれが完璧を追い求めること。完璧にはいたらないかもしれないけど、努力することはできる。それが人生を追い求めるってことだと思う」

目を開き、耳をそばだて、学ぶ気があるのなら、どんな失敗もあなたに必要な教訓を授けてくれる。あらゆる逆境は、たいてい祝福が姿を変えたものである。後戻りや一時的な敗北がなければ、自分にどんな気概があるのか知ることはないだろう。

粘り強さと個人の自発性

個人の自発性《パーソナル・イニシアティブ》に支えらえた粘り強さがあれば、どんな失敗も、一時的な敗北も乗り越えることができる。これは、人生という大河の失敗の側に流されてはいても、成功の流れに戻りたいと望む人の問題に対する答えである。粘り強さに裏打ちされた個人の自発性を発揮できなければ、けっして成功の流れに戻ることはできない。

ひとつの計画が失敗したら、別の計画を試してほしい。そして必要なら、それを何度もくり返すこと。簡単ではないだろう。これには意志の力、粘り強さ、どんな困難に見舞われようとやり抜く決意が必要だ。

〝個人の自発性〟は、目標を達成するための「4つの原則」に欠かせない。個人の自発性は、

1．明確な主たる目的を選び、それを達成するための明快な行動計画を実行するよう促す。

2. より一層の努力をする習慣を実践する。
3. 共通の目標をもった仲間のマスターマインド同盟を編成させる。
4. 雑念を払い、信念の実践による導きを促す。

この4つの原則は、個人の自発性がなければ成り立たない。

粘り強さと献身

粘り強い行動と言われて思いつく絶好の事例のひとつは、ウォーリー・エイモスのサクセスストーリーだ。ニューヨークの路上で靴を磨いていた黒人少年が成功するチャンスがどれほどのものかわかるだろうか？　成功への深い献身と、明確な目標を達成するまであきらめないという決意が、エイモスを百万長者を超える億万長者へと育て上げ、いまやなじみ深い麦わらのパナマ帽は、スミソニアン国立アメリカ歴史博物館に展示されるまでになった。

フロリダ州タラハシーで生まれたエイモスは、貧しい暮らしを送っていた。12歳のときに両親が離婚すると、マンハッタンのアパートで暮らすおばとおじに引き取られたが、そこでも生活は苦しく、靴磨きや新聞配達をしてふたりを助けていた。

あるとき、フード・トレード専門学校のリクルーターがエイモスの高校を訪れ、料理人はたくさん稼げるという話をした。それを聞いたエイモスは、その専門学校に転校したが、すぐに、料理人はいい給料をもらうために懸命に働いていることを知る。のちの本人に言わせると〝怠惰な物質主義者〟だったエイモスは、最終学年のときに専門学校を中退し、空軍に入隊。軍にいるあいだにＧＥＤ（高卒認定試験）に合格し、名誉除隊後にニューヨークの秘書学校で学ぶ資格を得た。

「空軍で責任感を学んだ」とエイモスは言う。「それに、人生をもっといいものにしたいという欲求も芽生えた。その当時はまだキャリアの目標は定まっていなかったけれど、街角でぶらつくことになるのは嫌だった。何かを成し遂げたいと思った」

秘書の学校に通う傍ら、高級百貨店〈サックス・フィフス・アヴェニュー〉の倉庫でアルバイトをした。そこの上司に働きぶりを気に入られたエイモスは、フルタイムで採用され、備品室のマネジャーに昇進した。

「仕事を与えてくれた人たちのために、そして自分自身のためにいい仕事をしなければと感じていた」とエイモスは言う。「目標を達成するには、献身が不可欠だ」

怠惰な自分を克服し、サックスでその仕事ぶりが認められるようになると、雇用主から将来性を見込まれ、ニューヨーク大学で小売りと商品化計画を学ぶよう指示される。将来に希望をいだいたエイモスは、結婚し、家庭を築く。ところが3年後、妻がふたりめを妊娠したころ、10ドルの昇給を会社側に拒否された。失望したエイモスはサックスを退職し、まったくちがう仕事を始めた。

ショービジネスの世界に入ったのは時代に後押しされてのことだった。1960年当時、公民権団体はエンターテインメント業界にも黒人の雇用を増やすよう圧力をかけていた。エイモスは、国内最大のエージェント会社、ウィリアム・モリス・エージェンシーに入社した。最初は週給50ドルで郵便室の仕事をしていたが、これはサックスでの収入より35ドル安かった。だがエイモスはこの仕事をチャンスだと考えた。

「あのとき初めて、自分のキャリア目標がはっきり見えた」とエイモスは振り返る。「あの仕事にすべてを捧げようと思った」

わずか2カ月でエイモスは代理秘書に昇格し、仕事熱心で勤勉だという評判を築いた。

そして1年と待たずに、タレントの代理人を務めるようになり、同事務所初の黒人エージェントとなった。

その後7年間、エイモスは同社のエージェントとして働き、ロックンロール界の大物などを担当する。サイモン&ガーファンクルの最初のエージェントとなり、スプリームスやテンプテーションズの最初のツアーをブッキングした。

「とても刺激的で、すばらしい経験だった」とエイモスは言う。「いろんなスターに会ったし、パーティーにも出かけた」

ロックスターを担当して数年後、エイモスはより一層の努力をと映画部門への異動を願い出たが、映画スタジオは黒人エージェントの受け入れが整っていないと告げられた。それなら、音楽部門の責任者をやらせてほしいと頼んだが、そこで働く人々は黒人に指示されることに慣れていないと断られた。

エージェンシーでの仕事に行き詰まりを感じたエイモスは、事務所を辞めて家族とともにハリウッドに引っ越した。そしてその地で、映画スターの個人マネージャーになることを夢見て事業を立ち上げた。だが7年経っても大スターを顧客にできず、生計を立てるのも厳しい状態だった。

日々の支払いを心配し、どうしたら映画スターのエージェントとして成功できるだろうと頭を悩ませていたエイモスは、やがて日曜の午後になると、デラおばさんに教わったレシピでチョコレートチップクッキーを焼き、月曜の朝に友人たちに配るようになった。

「友人のひとりがクッキーの店を出すよう勧めてくれてね」とエイモスは言う。「私もいい考えだと思ったから、やってみることにしたんだ。早速サンセット大通りに空き店舗を見つけて、ビジネスプランをまとめたよ。それからショービジネス界の友人に出資してほしいと頼んだ。私と私のクッキーを最初に信じてくれたのは、ビル・コスビーとヘレン・レディだ。ほかの友だちも内装のデザインや改装を手伝ってくれた。私はやる気に満ちあふれていたから、きっとそれがみんなにも伝染したんじゃないかな。いろんな人が手伝いを申し出てくれた」

そのころには、エイモスはチョコレートチップクッキー販売という新たなビジネスで成功してみせるという強い決意をいだいていた。いくつか障害はあったものの、持ち前の粘り強さと想像力で立ち向かった。

「献身には、立ち止まることを許さないエネルギーがある」とエイモスは私に言った。「人が何かをしていて、それに本気で取り組んでいるなら、つまりナポレオン・ヒルが言ったように〝何かを成し遂げたいという燃えるような願望〟があるなら、障害は目に入らない。献身は人に力を与え、別の方法を見つけるよう背中を押す。ある方法がうまくいかなければ、別の方法を試せばいい。

何かに集中していると、それに没頭するあまり、何かあっても障害だとは思わない。解決策を考えるのに忙しいからだ。何もしていない人間には障害が、何かをしている人には解決策が見えてくる。

それは心構えに表れる。必要なのは成功するという姿勢だ。自分ならできるという姿勢。もっと言えばやってみせるという姿勢だな。〝できる〟と〝やる〟には大きなちがいがある。多くの人は自分ならできると信じているが、まず実行しない。〝できる〟を〝やる〟に変えるには、献身と決意と忍耐が必要だ」

〈フェイマス・エイモス・クッキー〉の1号店は、1975年3月にオープンし、瞬く間にハリウッドを席巻した。焼き立てクッキーを店内で提供するスタイルの店舗は、すぐにその数を増やし、わずか数年でハワイを含む全米各地に広がり、日本、マレーシア、シンガポール、インドネシアにも進出した。

成功の絶頂期には、エイモスに敬意を表したスミソニアン博物館の学芸員たちから、彼のトレードマークである白い麦わらのパナマ帽と、会社のロゴと商標の一部となったカラフルな刺繍《ししゅう》入りシャツを、ビジネス史に関する収蔵品として国立アメリカ歴史博物館に寄贈してほしいと頼まれた。その後も数々の名誉を賜ったのち、エイモスは1985年に事業を売却した。

それ以降エイモスは、リッツ・カールトン・ホテルやエヴァーグリーン航空といった大手企業のビジネスコンサルタントや講師として世界中を飛び回るようになった。「どちらの企業も、上に立つリーダーたちがきわめて意欲的に、高いレベルをめざしている」とエイモスは言う。「それに従業員を尊重し、私もその一員になりたいと思うほどに、非常に前向きでエキサイティングな環境をつくりだしている」

エイモスは、ホレイショ・アルジャー賞を受賞したほか、優秀な起業家として大統領から賞を授与されている。社会活動にも積極的で、10年以上にわたってアメリカ識字ボランティアのスポークスマンを務めたほか、教育や地域の慈善活動にも携わってきた。

「富と名声を手に入れるだけでは意味がない」とエイモスは言う。「それを使って何かポジティブなことをしなければ、富も名声もまったくの無駄である」

恵まれない若者たちとともに活動する〈シティーズ・イン・スクール〉の代表メンバー

のひとりとして、エイモスはとくに熱心に若者たちに手を差し伸べ、彼らのやる気に火をつけようと奮闘してきた。

「若者には自分の人生に責任をもち、人生をよくするために努力してほしいと願っている」とエイモスは言う。「黒人や、崩壊した家庭で育った人間は成功できないと言われるが、その当事者として、私は否を唱えたい。自分がそれを障害だと思わないかぎり、障害など存在しない。自分の人生をよりよくしようという願望をいだくことが大切だ。ひとたびその欲求をいだき、それに向かって尽力すれば、自分の望みどおりの人生を手に入れることができるだろう」

献身は自己を肯定することから始まる、とエイモスは言う。「若者をはじめとする全員に言うのは、自信をもたなければいけないということだ。それが何より重要だ。自尊心の低さはあらゆることをだめにする。自信がなければ、他人をやる気にさせることなどできないし、すべての根源はそこにある。

自尊心があれば、周囲から刺激を受け、夢をもつことができる。私はみんなに自信をもつよう励ましている。私たちはみな、神の子だ。だからこう伝えている。『世界中にあなたのような人はひとりもいない。あなたは唯一無二の存在だ。自分自身をひとりの崇高な個人と考えることができれば、最善を尽くし、すばらしい、立派な人間になろうという気持ちがあなたのなかに芽生えるだろう』

人生で何が起ころうと、それを解決するのは自分自身だ。障害に直面し、希望も未来もないと思っている人たちにはこう伝えている。『不利な状況や、あなたを支配しようとする他人の犠牲になる必要はない。あなたの人生をコントロールするのはあなたの思考だ。ネガティブな考えをポジティブなものへ切り替えれば、あなたは何でもできる』

粘り強さと献身は密接にかかわり合っている。毎日、毎秒、半端な気持ちでやっていてはだめだ。何かをするなら、本気で取り組まないと。やらないというのは簡単だ。気をまぎらわすものはいくらでもある。だが、自分と交わした約束は、かならず守ってほしい」

粘り強さは養える

心のありようである粘り強さは、養うことができる。あらゆる心理状態と同じように、粘り強さも以下の明確な要因に基づいている。

1. **目的の明確さ**。粘り強さを養うには、自分の望みを知ることが、第一の、おそらくは最も重要なステップだ。強い動機があれば多くの困難を乗り越えることができる。

2. **願望**。自分が強く望むものを粘り強く追求しつづけるのは比較的容易である。

3. **自立心**。自分には計画を実行する能力があると信じることで、粘り強く計画を遂行していける(自立心は〝集中と自己暗示〟の原則を通じて高めることができる)。

4. **計画の明確さ**。きちんと整理された計画があれば、粘り強く取り組むことができる。

5. **正確な知識**。経験や観察から自分の計画が適切だとわかれば、粘り強さを発揮できる。一方で、正確な知識ではなく推測に基づいて動けば、粘り強さは発揮できない。

6. **協力**。他者への共感、理解、調和のとれた協調性は、粘り強さを育ててくれる。

7. **意志の力**。明確な目的を達成するための計画に思考を集中させる習慣は、粘り強さにつながる。

8. **習慣**。粘り強さは習慣が端的に反映されたものである。心は日々の経験を吸収し、糧とする。あらゆる敵のなかでも最大の敵である恐怖は、勇気ある行動をくり返すことでうまく克服できる。戦争に参加したことのある人なら誰もが知っている。

第二次世界大戦初期、ローズヴェルト大統領は、アメリカ国民が敵と戦う勇気をもてるよう、ヒルの言葉を引用した。その言葉とは？「あなたが恐れる気持ち以外に、恐れるものは何もない」

〝粘り強さの点検作業〟をする

忍耐力と粘り強さの話を終えるまえに、自分の内面をチェックし、この重要な特性で欠けているものがあるとしたら、具体的に何が足りないかを見ておこう。勇気をもって各項目と向き合い、つぎの〝弱さに関する16の要素〟のうちいくつ当てはまるか、ひとつずつ確認してほしい。自分の粘り強さを阻むものがあれば、積極的に取り除くように。さもなければ、その障害が、あなたとあなたの偉業のあいだに立ちはだかることになるだろう。

以下は、豊かになりたいすべての人が克服すべき弱点である。

1. 自分の望みを認識して明確に定義することができない。
2. 理由の有無にかかわらず先延ばしする（たいていそこにはもっともらしい口実や言い訳がある）。
3. 専門知識の習得に興味がない。
4. 優柔不断。
5. 問題解決のための明確な計画を立てる代わりに、やらない言い訳に頼る癖がある。
6. 自己満足。この問題に対する治療法はほとんどなく、これに囚《とら》われている人には希望がない。
7. 無関心。反対されて闘うよりも、あらゆる場面で妥協しがちな人によく見られる。
8. 自分の間違いを他人のせいにしたり、好ましくない状況を仕方なしに受け入れたりする癖がある。
9. 願望の弱さ。行動を促す動機の選択を怠ったことに起因する。
10. 敗北の兆候が現れたとたんに、ともすれば積極的にあきらめようとする気持ち。
11. 計画を分析可能なかたちで書面にまとめられない。
12. アイデアを実行せず、チャンスが来たときにそれをつかもうとしない。

13. 願うだけで実現しようという決意がない。
14. 上をめざさず現状で妥協する癖、なりたい、やりたい、所有したいという野心の欠如。
15. 富への近道ばかりを探し、相応の犠牲を払うことなくそれを得ようとする（通常、ギャンブルの習慣として現れ、〝抜け目ない〟交渉や取引をおこなおうとする）。
16. 批判を恐れる。他人の考えや言動が気になって、計画を立てたり、行動に移したりすることができない。たいてい私たちの潜在意識に存在し、なかなか認識されないこの敵は、とくに手強《てごわ》い敵と言える。

粘り強さを習慣にするための4つのステップ

粘り強さを習慣にするためのシンプルな4つのステップがある。これを身につけるのに知性や教育はたいしていらず、多少の時間と努力があればいい。必要な手順を以下に記す。

1. かならず実現するという燃えるような願望に裏づけられた、明確かつ主要な目的を定める。

2. 継続的な行動が伴う明確な計画を立てる。

3. 親類、友人、知人のネガティブな発言など、否定的で、やる気をそぐような言動はいっさい相手にしない。

4. あなたの計画と目的の両方を応援してくれるひとり以上の味方を見つける。ヒル博士は、新しいアイデアは基本的にどんなものでも、マスターマインド（訳注／共通の目標をもった仲間どうしが、調和のとれた知恵と努力で協力関係を築くこと）の原則に則《のっと》り、一致もしくは調和した複数の心による創造的ビジョンから生まれると提言している。ふたり以上の人間が集まって調和の精神が芽生えると、熱量が高まっていく。するとグループの仲間全員がアイデアを思いつきやすくなり、そのなかから、問題や取り組みなど、議論中の内容に関するアイデアが生まれる。グループの誰かが、潜在意識から答えを見つけ出してくれるのだ。

この4つのステップは、人生のあらゆる局面で成功するために必要なものである。ナポレオン・ヒルの成功哲学にある13の原則の目的は、概してこのステップを習慣づけることにある。それができれば以下につながる。

●自分の経済的な宿命をコントロールできるようになる。
●思考の自由と独立。
●富の獲得。
●権力、名声、世界的認知の獲得。
●有益なチャンスが訪れる。
●夢を現実に変える。
●恐怖や失望の克服。

4つのステップを身につけた人には、すばらしいご褒美がある。自分自身で将来の計画を立て、どんな代償を求められようとも人生を豊かにできる特権だ。

粘り強さに関する本章を締めくくるにあたり、ソロフレックスの家庭用ジムマシンで体を鍛える筋肉ムキムキの若者が出てくるテレビコマーシャルを思い出す。そのエクササイズプログラムを巧みに紹介するナレーターの言葉は、粘り強さの哲学に見事に当てはまっていた。ナレーションはこう語る。

ソロフレックスのエクササイズプログラムは、シンプルな成功の方程式です。願望はモチベーションとイコールです。そしてモチベーションは努力に結びつき、努力は結果を生みます。それがあなたの目標であり、その目標は達成可能です。あなたは個人的な喜びや、望みを達成するためにさまざまな困難を乗り越える能力を手に入れます。あなたが達成するものは想像以上のものになるでしょう。

このコマーシャルでとくにいいと思ったのは、ジムのマシンで運動している若者が汗を流していたところだ。

いますぐ実行！

1. あなたはどの程度粘り強いだろう？　最後に挫折や失敗をしたときのことを思い出せるだろうか？　どんな反応をしただろう？
2. 簡単にあきらめたとしたら、その望みをどれだけ本気で叶えたいと思っていただろう？
3. 粘り強さを備えた知人はいるだろうか？　もしいないのなら、そういう人を探して、彼らの粘り強さをあなたにも伝染させてほしい。
4. あなたの粘り強さは、望みを達成したいという強い熱意にどの程度基づいているだろう？
5. 失敗や障害を粘り強く乗り越えた人々について、ほかにどんな事例を挙げられるだろう？
6. 拒絶からどれくらいで立ち直れるだろう？　最後に拒絶されたときにどんな反応をしたか思い出してほしい。昔より早く立ち直れるようになっただろうか？
7. 失敗があなたの〝友人〟だと証明されたことはあるだろうか？　失敗から大きなチャンスを見出せたことは？
8. あなたや知り合いや本で読んだ誰かの人生において、失敗が強みに転じたことはあるだろうか？

9. 〝粘り強さの点検作業〟をおこなった結果は？　もっと拒絶や失敗から立ち直れる人間になるために、どんな弱点を克服すればいいだろう？

6章

個人的な話

私は銀行の頭取として18年間働いた。銀行が売却されると、非営利団体ナポレオン・ヒル財団のCEO兼理事長の職を打診された。私は喜んでその申し出を受け、17年来の私のアシスタント、アネディアも一緒に来ることになった。

ある日、アネディアが私のオフィスの扉口まで来てこう言った。「ドン、ナイジェリアからお電話です。あなたとお話ししたいそうです」

「いまは来客中だから話せない。私の携帯番号をその人に伝えてくれないか。じきに仕事が終わるから、そうしたら折り返す」と私は返事をした。

アネディアが言った。「ナイジェリアは詐欺が多いから気をつけてくださいね」

それに対して私はこう応じた。「アネディア、大丈夫だよ。聞いてみないと要件はわからないだろう」

その日の終業後、5マイルの散歩中に電話が鳴り、先方の声がこう尋ねた。「ナポレオン・ヒル財団のドンさんですか？」

「はい、そうですが、どちらさまでしょう？」

電話の人物が言う。「ドンさん、私はナイジェリアのポリ・エメニケと申します。私の話を聞いていただけないでしょうか？」

「かまいませんよ、ポリ。私は人の話を聞くのが大好きですから。とくに成功に関する話なら」。ポリの話によると、ポリは幼いころからナイジェリアの路上で極貧生活を送っていたが、幸運にも、ナポレオン・ヒル財団が出版した、ナポレオン・ヒルとW・クレメント・ストーンの共著『心構えが奇跡を生む』を読む機会に恵まれたという。

ポリは5ドル相当のお金をもって、中古のサンダルを何足か仕入れたことをおぼえていた。サンダルを売って儲《もう》けが出ると、さらにサンダルを買い足してビーチにいる人々に売った。お金が貯まって古着が買えるようになると、今度はそれを転売した。そこで出た儲けも貯金していたポリは、この時点で、転売用に香港から上等な紳士服を購入するなど、より利益率の高い商品を仕入れるようになっていた。

ある日、ひとりの紳士が近づいてきて、ポリにこう言った。「あなたはさまざまな場所で商品を売っているようですが、わが社で医薬品の販売をしてみませんか?」ポリは「それは面白そうですね」と言って、その仕事を引き受けた。やがて合法的な医薬品販売が莫大な利益を生むことに気づいたポリは、自分の製薬会社〈Neros Pharmaceuticals〉を設立した。同社は現在、世界最大のマラリア薬の販売会社になっているという。

私はポリに、50年以上前に出版され、いまなお売れている『心構えが奇跡を生む』が、彼の成功のビジョンの助けになったことがどれほどうれしいかを伝えた。それから「ポリ、W・クレメント・ストーンはほかにも2冊の本を書いていますが、*Believe and Achieve*（『信じて達成する』）と『私が活用して大富豪となった実践的成功法則』はご存じですか？」と尋ね、よければその2冊を送ると申し出た。翌日、私はフェデラル・エクスプレスでその2冊をナイジェリアのポリ・エメニケに宛て、彼が指定した住所に送った。

ポリに2冊の本を送った数週間後、こんな電話がかかってきた。「ドンさん、ナイジェリアのポリです。ここしばらく、北朝鮮、北ベトナム、ラオスなど、共産主義の国々を回ってマラリア薬の販売をしていました。家に戻ったら、あなたが送ると言ってくれた2冊の本が届いていました」

私はポリに、子どものころ両親から、約束したことはかならず守るよう言われて育ったことを話した。「約束した2冊の本があなたの手元に届いてよかったです」

ポリが言った。「ドンさん、こちらから10万ドルを電信送金します」

私はポリに言った。「われわれは、ナポレオン・ヒルが生涯をかけて築きあげた成功の原則を伝える非営利財団ですので、寄付を求めることはありませんが、あなたの申し出はありがたくお受けいたします」

ほんの数日のうちに、10万ドルの寄付金が振り込まれた。私はすぐにポリ・エメニケに電話をかけ、寛大な寄付に対する礼を述べた。

その電話口で、私はポリとこんな会話を交わした。「ポリ、寄付金を受け取りました。どうもありがとうございます。あなたはナポレオン・ヒルの著作が好きということでしたが、アメリカに来ることはありますか？」

「ええ、あります。弁護士をやっている娘がメリーランドに住んでいるので、娘に会いに」

私はポリに、ナポレオン・ヒルがそれほど好きなら私たちを訪ねてくるよう伝えた。ナポレオン・ヒルはヴァージニア州ワイズ生まれで、ナポレオン・ヒル財団の事務所もヴァージニア大学ワイズ校のキャンパス内にある。ナポレオン・ヒル・アーカイブには、『悪魔を出し抜け！』など、ナポレオン・ヒルの著作が多数含まれているほか、これまで流通したことのない、ナポレオン・ヒルのサイン入りの『思考は現実化する』が100冊以上保管されている。

「予言者ナポレオン・ヒルが暮らしていた場所ならぜひ見てみたいです。それではあと15万ドル上乗せして、総額25万ドルの寄付をさせていただきます」

私はポリに、ぜひ来てくださいと伝え、旅行の手配をするまえに、私が町にいるかどうかを確認するようお願いした。ポリは25万ドルを寄付してくれたあとも、さらに寄付をしてくれた。また、実際にナポレオン・ヒル財団を訪れ、同財団の書籍を宣伝するためにブースを出しているブックフェアにも足を運んでくれた。

この物語は、見知らぬ人からの1本の電話が、いかにして生涯にわたる友情に発展するかを示している。親切な行為がどんな結果につながるかはわからない。自分の時間を割くという行為が、思いもよらぬ金脈につながることもある。とはいえ、他人に親切にすることが、与える側と受け取る側、双方の人生にどれほど大きな影響を与えうるかを理解している人はほとんどいない。

7章

想像力を使う

イエス・キリストの言葉を思い出すことで、想像力を視覚化する能力を発揮できる。「どんな望みであれ、祈る際はすでに叶えられたものと信じよ。さすればそのとおりになるだろう（「マルコによる福音書」11章24節欽定訳参照）。この視点と心構えこそが、想像力を経験するということだ。これには、単にはっきりと完全に見るのではなく、すでに受け取ったかのように、はっきりと完全に見ることが求められる。

自分の望みを、すでに実現したかのように、完璧にイメージしてほしい。自分が理解していないものを受け取ることはできないし、自分の望みに対するアイデアは不可欠だ。このアイデアを形づくるのは、想像力の仕事である。望みを知って初めて、その達成を願うことができる。

アルベルト・シュヴァイツァー博士は、神学者、医師、作家、人道主義者であり、ノーベル平和賞受賞者でもある。博士は、現代人の悪いところを尋ねられ、こう答えている。「考えないところです」

「きみたちの運命がどうなるかはわからないが、ひとつ言えるのは、本当に幸せになれるのは、奉仕の方法を探求し、見つけた者だけだ」

——アルベルト・シュヴァイツァー博士

なぜ正しい思考が重要なのか

あなたの心に招くものが何であれ、質の高さがきわめて重要だ。というのも、何かが心に入れば、心はそれについてとことん考え抜くからだ。

「障害を乗り越えて強さを手に入れる者は、逆境を乗り越えることのできる唯一の強さをもっている。人を動かすには模範を示すのは肝心なことではない。唯一のことだ」

——アルベルト・シュヴァイツァー博士

あなたの想像力は、建設的な目的にも破壊的な目的にも使われる。心に与える映像、思考、会話などが、憎しみ、貪欲さ、殺意、嫉妬といった破壊的な性質のものばかりなら、私たちの性格、行動、反応はその種の行為を反映することになる。

私たちの未来は、日々の選択によってつくられる。選択の力が、人間と動物を分けている。動物は本能で行動するが、人間は自分の心に招いたものの結果を受けて行動を選択する。

ミリオネアビジョンをもち、本当に望む人生を創造するための本書を読んで、あなたが理解したことをここでまとめてみよう。

第一に、あなたの望みは何か？　明確な目的を設定したか？

第二に、自分が望む金銭と引き換えに差し出すものを具体的に決めているか？（代償なしに何かを手に入れるなどありえない）。

「人生最悪の日は、その場に座って、どうすれば無料《ただ》で何かを手にできるかと考えはじめたときだ」

――トマス・ジェファソン大統領

第三に、望む金銭を手に入れる明確な日にちを設定したか？

「一週間は7日あるが、〝いつか〟はそのなかには存在しない」

——ドン・M・グリーン

第四に、望みを叶えるための明確な計画はあるか？　準備の有無にかかわらず、その計画をすぐに始める覚悟はあるか？

「首尾よく始められれば半《なか》ば終わったも同然だ」

——アリストテレス

第五に、手にするつもりの金額、入手までの期限、その代償に支払うものを明確かつ簡潔に書き出したか？　望むものを積み上げるために用いる予定の計画を明らかにしたか？

第六に、1日2回、夜寝るまえと朝起きたときに、書き出した文章を声に出して読んでほしい。読みながら、目標をすでに達成したところを思い描き、感じ、自分を信じること。

「毎朝、目を覚ますたびに、私は自分にこう言い聞かせる。今日という日を幸せに、あるいは不幸にする力をもっているのは、出来事ではなく、私であると。どちらにするかは私が決める。昨日は死に、明日はまだ来ていない。私にあるのは今日という一日だけで、私はその一日を幸せに過ごすつもりだ」

——グルーチョ・マルクス

ビジョンを活用して成功を生む

無作為に選んだ人々に成功の定義を尋ねたら、ほとんどの人が「大金」と答えるだろう。一方、自己啓発の分野では、その答えはおそらく「目的を達成すること」になる。成功の定義は一様ではない。

職業が違えば、成功に関して異なる見解が生まれることもある。〝成功した〟詐欺師や

〝成功した〟ギャンブラーについて書かれた物語もある――だが私は、神や人間の法則に反する者は真の成功者にはなれないと考えている。私の意見では、誰かが成功すれば、それはその人の意義ある目的が達成されたということで、世界はよりよいものになるはずなのだ。

ナポレオン・ヒルは、想像力を、人間が生み出すすべての計画を形にする、文字どおりの作業場であると定義した。

「人間の心には理解を超えた力が秘められている。想像力は、この力を解放し、個人や人類が活用できるようにするためのカギである。

時代を超えてこの事実を認識し、想像力を用いてみずからの運命を切り開いたのは、無数の人間のうち、ほんのわずかしかいない」(1)

自分を信じることで、どんな望みも達成できる

想像力は、創造主の無限の知性へ近づくための入り口である。それは信念と呼ばれる心

の状態によって開かれる。希望や目的が物理的な現実に変換されるのは、この心の状態にあるときだ。というのも、事実として、すべての思考は、それ自体が相応の現実に変換される傾向があるからだ。信念は、願望や熱意といった刺激的な能力を想像力に与え、それによって私たちの計画と目的が行動に帰結する。

ヘンリー・フォードは、会社にいちばん必要な人材はどういう人かと訊かれると「〝不可能〟という言葉の存在を知らない人間なら100人でも雇いたい」と答えた。実際、フォードのビジネスにおける驚異的な成功は、つぎのふたつの個人特性によってもたらされたと言われている。

1. 人生の明確な主要目標を設定し、
2. 目的を追求するうえでいかなる限界も認めなかった

想像力は魂の作業場であり、そこでは誰もが自分のこの世での運命を形づくることができる。実際、心にいだき、信じていることは、何でも達成できるのだ。

クラレンス・ソーンダーズの話

クラレンス・ソーンダーズは若いころ、食料品店の店員として働いていた。当時は、客が欲しい商品のリストを持参し、クラレンスのような若い店員が、そのリストを見ながら店内を回って商品を集めていた。注文の品がそろうと、商品は店の入り口付近にいるレジ係のもとへ運ばれ、レジ係が値段を計算して客からお金を受け取っていた。

食料品店の店員として働いていたクラレンス・ソーンダーズは、食料品を棚に置き、客が通路を歩いて、購入したい食料やその他の商品を自分で選んではどうかと考えた。ソーンダーズはこのシンプルなアイデアひとつで、初のセルフサービス食料品店を開業し、600店舗を超えるチェーン店へと成長させた。セルフサービスというシンプルなアイデアが、大手スーパーマーケット〈ピグリーウィグリー〉の設立へとつながり、彼を大金持ちにした。単純なアイデアが、ひとりの店員を、彼がその後享受することになる地位へと押し上げたのだ。

あなたの望みは？

本書を読み、ミリオネアビジョンをもつことについて勉強しはじめたときのことを、自分が本当に望む人生を創造しようと決心したときのことをおぼえているだろうか？　ここでみなさんに、作家のベン・スイートランドの言葉を伝えたい。「成功は旅路であり、目的地ではない」

誰しも計り知れない達成の可能性を秘めている。この可能性の宝庫を発見したいまこそ、豊かさを現実にするために計画を立て、行動を起こすときである。人生の目的を見つけたら、他者を成功に導いた助言や知恵に従ってみてほしい。自分の可能性にきっと驚くはずだ。

もちろん苦労はするだろうが、あなたは逆境を通じて強くなる。粘り強くつづけることで、挑戦するたびに人生の本当の望みに近づいていく。自分の能力を自覚できるようになれば、自分のやっていることに対する制限が取り払われ、さらなる高みをめざせるようになるだろう。

7章
想像力を使う

「自分が限界を認めないかぎり、心に限界はない。貧困も富も思考の産物である」

——ナポレオン・ヒル

人生には、ときとして予期せぬ出来事が起こるが、あなたがそれにどう反応するかで、未来はがらりと変わる。ぎりぎりの生活を送ってきて、それしか知らなければ、自分の置かれた状況を容易に受け入れてしまうかもしれない。一方で、同じ社会環境で育ち、大成功を収めた人物を知っているなら、目的を見つけ、計画を立て、行動を起こして、自分も成功者になろうと思うかもしれない。

覚醒ポイント

私の人生の覚醒ポイントは、若かりし日の夏、両親に内緒で地下の炭鉱で働いていたときのことだ。その仕事が、低賃金のわりにかなりの危険を伴うことに気づいたのがきっかけだった。それ以降、私は炭鉱を離れ、もっと有望なキャリア目標を立てる決断をした。

目標を、あなたの当てたい的だと考えよう。目標はあなたの人生に方向性を与えてくれる。

目標について考えると、あなたのビジョン（想像力）が働きはじめるが、それはあなたがどんな人生を送りたいかを理解するのと同じくらいシンプルなことだ。

ヒルが気づいたように、あなたのビジョンや想像力は、文字どおり心の作業場であり、あなたの計画が現実になる場所だ。最初に思考が生まれ、その思考がアイデアや計画としてまとまり、計画が現実に姿を変える。想像力はすべての始まりである。

アルベルト・アインシュタインいわく、「理論はあなたをA地点からB地点へと連れていくが、想像力はどこへでも連れていってくれる」

「あなたの本当の豊かさは、あなたがもっているものではなく、あなたが何者であるかによって測られることを忘れてはいけない」

——ナポレオン・ヒル

あなたに限界があるとすれば、概して、あなたが心のなかで設定したもの、あるいは他人に設定を許したものだけだ。想像上の制限を取り払えば、あなたが望むどんな成功の高みにもたどり着けるだろう。できると信じ、実際に行動すれば、何だってできる。あなたが限界をつくらないかぎり、あなたを止める障壁は存在しない。

トマス・A・エジソンにくり返し言及するのは、彼が自分の望みを理解し、それを達成できると強く信じたおかげで、史上最高の発明家と呼ばれるようになったからだ。エジソンは、限界や失敗による自分の心変わりをいっさい許さなかった。そして正式な教育を受けていないにもかかわらず、それを克服する方法を学び、想像力を駆使して新たな装置を考案し、技術訓練を受けた人々の力を借りて自分の発明を完成させた。

ウィルバー・ライトとオーヴィル・ライトは、1903年の初飛行で、時間にして12秒間、距離にして120フィート（約36・5メートル）を飛び、文字どおり世界を変える偉業を成し遂げた。飛行前、ライト兄弟は人々から笑われ、そばにいた農夫に「神が人間に空を飛んでほしいとお望みなら、人間に翼を与えたはずだ」と茶化されたと言われている。限界を受け入れることを拒み、自分たちの考えを貫いたライト兄弟は、見事成功を収めてみせた。

ライト兄弟はナポレオン・ヒルの最も有名な言葉「人の心が考え、信じたことは、どんなことでも達成できる」ことを証明した。

成功は、粘り強さを実践する人のもとへやってくる。アップル社の創設者にして、世界有数の大富豪のひとりとなったスティーヴ・ジョブズは、忍耐の人だった。スティーヴ・ジョブズの伝記を著したウォルター・アイザックソンは、ジョブズをレオナルド・ダ・ヴィンチ、ベンジャミン・フランクリン、アルベルト・アインシュタインに並ぶ、史上最も重要な4人の天才のひとりとして挙げている。忍耐強さは成功の主要な決定要因である、とジョブズは語っている。

想像の限界を取り払おう

大半の人は、みずからに課した制限や、他人に課された制限に苦しみ、人生で成功することも、それを楽しむこともない。あらゆる状況は打ち破り、変えることができる。どんな障害も成功のための足がかりになることを忘れないでほしい。

解決策を見出すための第一歩は、前向きな態度を維持したまま、あなた自身の心のなかで踏み出す必要がある。

「私たちが自分にできることを知ったら、きっと驚くだろう」
――ラルフ・ウォルド・エマソン

自分の望みを理解し、その望みを見据え、目標達成に専念すれば、失望している暇はない。

成功を妨げるものがあるとすれば、あなたが受け入れる限界だけだ。

自分の心が人生に奇跡を起こせるとわかったとき、あなたが、ほかでもないあなた自身がその力を受け入れ、ミリオネアビジョンの実現に向けてその力を使うことを選択できるのだ。

一見不可能に思えることは、まだ実現していないだけである。あなたが本当に望む人生は、あなたがその人生を生きるのを待っている！

注記

1. *Imagination* by Napoleon Hill, October 1959, page 31.

▍アチーブメント出版

X ▶ @achibook
Instagram ▶ achievementpublishing
Facebook ▶ https://www.facebook.com/achibook

より良い本づくりのために、ご意見・ご感想を募集しています。
下記 QR コードよりお寄せください。

A MILLIONAIRE VISION 望む人生の叶え方

2025年3月31日　第1刷発行

著　　者 ―― ドン・グリーン
訳　　者 ―― 近藤隆文・片桐恵理子
発 行 者 ―― 塚本晴久
発 行 所 ―― アチーブメント出版株式会社
〒141-0031　東京都品川区西五反田 2-19-2　荒久ビル4F
TEL 03-5719-5503 ／ FAX 03-5719-5513
https://www.achibook.co.jp

装　　丁 ―― 西垂水敦（株式会社 karran）
本文デザイン ―― 中村理恵
D　T　P ―― 株式会社三協美術
校　　正 ―― 株式会社ぷれす
印　　刷 ―― 株式会社光邦

ISBN 978-4-86643-167-3
落丁、乱丁本はお取り替え致します。